JN337030

小林拓矢

講談社

早大を出た僕が入った3つの企業は、すべてブラックでした

早大を出た僕が入った3つの企業は、すべてブラックでした／目次

ブックデザイン　鈴木成一デザイン室

早大を出た僕が入った3つの企業は、すべてブラックでした

はじめに

二〇〇四年、早稲田大学を卒業した私が勤めた三つの会社は、すべてがブラック企業だった。不当な首切り、パワハラ、長時間労働などすべてを経験した。その経験について、当事者として書かなくてはならないという思いがあり、この本を書いた。

「ブラック企業」は、十年も前からネット上では話題になり続けていた。

働く人を長時間労働で酷使し、パワーハラスメントやモラルハラスメントはあたりまえで、勤め始めても長続きできるような環境ではなく、それどころかあたりまえのように首を切る。はじめのころは、匿名掲示板「2ちゃんねる」で話題になり、インターネット上のニュースサイト、それから書籍・雑誌・新聞へと広がっていった。

いくつかのニュースサイトでは、ブラック企業での過労死や、劣悪な労働環境について取り上げられている。しかし、そのほとんどが有名な、あるいは大手のブラック企業であり、中小のブラック企業は無数に存在する。しかも、大手ブラック企業の問題はニュース性もあるため各メディアに取り上げられるが、中小のブラック企業についてはニュース性がないため、メディアでは取り上げられない。

　雇用問題を取り上げることが多いあるニュースサイトの経営者は、私が中小ブラック企業についての企画を提案した際にこう言った。

「中小のそのへんの企業がブラック企業なのはあたりまえだ。だから取り上げる必要もない」

　しかし、大企業であろうと中小企業であろうと働いているのは人間であり、そして同じように苦しんでいる。大企業と中小企業で人間の扱いが異なっていい、ということはないのである。

　そんな状況が、私が仕事を探し続けていたころからずっとあったのだ。最近になって問題になったのではなく、バブル崩壊後の不況が延々と続いている中で人材を酷使するようになり、そのころから問題としては存在しつづけた。

　ブラック企業でひどい目にあう、というのは、わりとよくある経験である。しかし、その体験者に取材した記事や書籍はあるものの、自らブラック企業に勤務していた経験を明かして文章にする人はほとんどいない。振り返りたくない過去であり、あるいは過去の苦しみを思い出したくないのかもしれない。実際、私自身も書いていて苦しかった。

　しかし、ブラック企業での労働はこの国では普通であり、それは社会の問題として訴えなくてはならない。

　一九七九年に山梨県甲府市で生まれた私は、地元の公立の小学校から山梨大学教育学部附属中学校に中学受験を経て進学した。中学受験の模擬試験では、塾内でいつも上位二位か三位で、時々は一位を取ることもあった。

高校は山梨県の難関進学校である駿台甲府高校に進学し、駿台予備学校での浪人生活を経て早稲田大学教育学部に進学した。

自分で言うのもおかしいが、頭も悪くなければ、まじめに勉強してこなかった、というわけでもない。よく、「ブラック企業に行くような人間は小さなころに勉強をしてこなかった不まじめな人間だ。そんなのは自己責任だ」ということを言う人がいるが、そうではない人でもブラック企業に入って苦労させられる人はざらにいる。

当時は社会科系の科目が得意であり、中高通じて評定平均は「5」以外は取ったことがない。高校でも、最初は下のクラスだったものの、努力を重ね卒業するときには一番上のクラスにいた。

英語が苦手だったため一年浪人することになったものの、予備校で勉強したため、英語もできるようになった。

都会の難関進学校出身の人には若干劣るかもしれないが、それでも中高・予備校時代はしっかりと勉強してきた。

当時の志望は、新聞記者だった。文章を書いたり、取材をしたりして生活したいと思い、その仕事につけるように、一生懸命努力してきた。

早稲田大学に進学しても、テニスサークルなどのお遊び系のサークルに入っていたわけでもなく、学校をさぼっていたわけでもない。

大学時代は、鉄道研究会に入っていた。そこでは、機関誌の編集長を二年間務めていた。その他にも、いくつかのミニコミサークルを手伝っていた。

成績評価も、半分以上の科目が「優」や「秀」であり、社会学のゼミではゼミ長を務め、卒業論文の評価も「秀」(最高の評価)だった。

もちろん、就職活動のための勉強もした。就職活動の予備校にも通い、作文や一般教養、面接などの練習もし、万全の対策を立てた。

しかし――。

就職シーズンになると、多くの新聞社を受け、面接にも進んだが、そこで全敗した。新潟日報社や山梨日日新聞社のように最終面接まで行った会社もあったが、そこでだめだった。むろん、朝日新聞社や読売新聞社の面接にも進んだ。

それでも就職をあきらめきれず、留年し再チャレンジをしてみた。その際には、いろいろな会社を受けてみた。しかし、かえって厳しい反応しか得られず、就職先が見つからないままに卒業した。

もっとも、就職が決まらず留年しても、一般的な「いい会社」に決まらず小さい会社に勤めることになった、というのは当時の早稲田大学の私の周りではよくあった話だ。卒業間際まで就職が決まらず、小さなシステムエンジニアの会社に勤めた同級生や、就職が決まらずそのまま卒業していった後輩、ブラック企業として名高かった光通信に卒業直前に内定していた友人など、バブル時代の早稲田大学卒業生、いや一般的な大学生よりもひどい扱いしか社会から受けられなかった人は、決して少なくはなかった。

私自身が社会にでるまでをふりかえってみても、決して不まじめに遊んでいたわけではない。むしろ、まじめに一生懸命がんばってきて、それなりにやってきたつもりだ。


当時は、若い人の能力のなさをうれう言説や、「コミュニケーション能力」のなさで若い人をののしる言説が多く見られた。しかし、多くの就職氷河期世代の当時の学生たちは、まじめに勉強してきた。いまの学生たちも、一生懸命勉強し、努力し、力をたくわえている。

そんな人たちが、疲弊してしまっていいのか。実際、私は三社のブラック企業に勤めたなかで、精神的に疲れ果て、日常的につらい思いをしている。

それは、決して私個人の特殊な事例ではない。日々勤勉に努力し、会社で与えられた仕事はこなそうと努力し、オーバーワークもいとわず、過労自殺にまで自らを追い込む氷河期世代以下の人たちは、わりと多いのだ。

ブラック企業で疲弊している会社員、理不尽な扱いを受けている会社員というのは、報道で見られるような珍しいものではなく、この日本社会に、あたりまえのように存在している。

私自身が過去をふりかえって書いたこの文章は、決して不幸な目にあった特別な人の話というわけではなく、普通にある、しかしそれゆえに社会問題として扱われない話である。

普通にあってみんなが苦しんでいるのに、問題になっていない。

就職氷河期が始まって以降、雇用の問題は政治課題として置き去りにされ続けていた。政治家は、憲法改正や原発再稼働などの他の政策課題に執念を持ち、保守政党も、革新政党もこの問題、とくに中心となって問題として存在しつづけている労働環境の問題を忘れている。

そしてその労働環境に苦しめられ、多くの人には仕事がトラウマとまで化している。

私は現在、フリーランスのライターをしている。その最大の理由は、トラウマとなっているほどつらい職場に身をおいたため、もう苦しくて会社で働くことができないからだ。世の中では環境のいい職場はあるといわれているが、そんなところは日本のどこにあるのだろうかと首をかしげたくなる。「環境のいい職場に行けなかったのはお前が悪い。自己責任だ。お前なんか死んでしまえ」という扱いを受けることも、かつては多かった。

ある一定の年代以下のこの国の人たちは、見捨てられているとさえ考えている。見捨てられた人々は、この国の中で、会社の中でどんな扱いを受けるか。


パワーハラスメントで苦しめられたり、不当に首を切られたり、法外な長時間労働をさせられたことをこの本の中で書いている。同世代の、あるいはそれ以下の人たちは、これを読んで自らも同じような苦しみを味わっていると考えるかもしれない。あなたのような環境は、おかしいが残念ながら特別ではない。そして上の世代の人たちは、こんなおかしな労働環境に普通の人が置かれているのか、これはあまりにもおかしい、と考えるかもしれない。しかし、よくあるものであり、それゆえに「断絶」があるのだ。

ある一定以下の世代の人たちが、おかしな労働環境に置かれ、しかもそれはありふれたことであると、多くの人に知ってほしい。あるいは、私たちがおかしな労働環境に置かれていることを、考えとして共有してほしい。

新聞や雑誌に出てくる「ブラック企業」の話は氷山の一角で、もっとひどい例もあり、知られざる話は多くある。有名企業で過労死したり裁判になったりしないと明らかにならないことも多いが、実態はそんなレベルの生やさしい話ではない。

普通の、まじめに一生懸命やっていた人が、普通にブラック企業に入って苦しんでしまう。そんな社会であることを示したくて、この本を書いた。

第一章

望まれぬ採用

——早大卒業、SE会社へ

就職が決まらないまま迎えた卒業式

都の西北　早稲田の森に
聳ゆる甍は　われらが母校

早稲田大学では、何かというと校歌が歌われる。日本でもっとも有名な大学校歌として、卒業生以外にも多くの人に親しまれている。

校歌三番の、

あれ見よかしこの　常磐の森は
心のふるさと　われらが母校
集り散じて　人は変れど
仰ぐは同じき　理想の光

を歌いながら、少しばかり苦しくなった。「理想の光」を仰ぎながら、生きていけるだろうか。未来があるかどうかさえ不確実な私のような人間が、生きていてもいいだろうか。そしてその苦しみは、人生が進むに従って大きくなった。

二〇〇四年三月二十五日、早稲田大学卒業式に出席していた。一年浪人して入学した早稲田大学では、就職先がなかったため一年間留年し、それでもどこにも入れなかったため、面倒くさくて卒業することにした。

二度目の就職活動の際には、エントリーした会社から電話があり、面接に呼ばれたりもしたが、ことごとくはねのけられた。その中には、有名な銀行なども含まれていた。

新卒後、職がなかったことに不安はあったが、「新卒一括採用」の恐ろしさをまだ理解していなかったため、選り好みしなければなんとかなるだろう、と楽観的に考えていた。それに、前年に卒業した同級生も、一緒に卒業する後輩たちも、就職活動がうまくいかない人が多かった。みんな似たような境遇だから、それなりになるのでは、と。

卒業式の前々日、東京での暮らしのめどが立たないと考えたことにより、そのころ住んでいた三鷹駅前の賃貸マンションを引き払った。お子様も早大卒だという大家さんは、「大丈夫なの？」と聞いてきた。母は「たぶん」と答えた。

卒業式の会場である記念会堂に入っても、深刻な気持ちにはならなかった。白井克彦総長以下、校旗に先導されて大学教員や来賓が入場し、卒業式は開始された。

校歌斉唱。応援部員がステージに立ち、指揮をとる。卒業生たちは、腰に左手を当て右手を上下に振る。卒業生と壇上の大学役員や来賓だけではなく、記念会堂で参観していた両親の中でも「校友」と呼ばれる早稲田大学の卒業生たちは、校歌を高らかに歌っていた。

「総代」と呼ばれる成績優秀者に卒業証書が壇上で渡される。もし総代の規定を入学時に知っていたなら、そのポジションを狙ったかもしれない。

その後、早稲田大学芸術功労者を授与された大先輩の小沢昭一の記念講演を聴く。小沢のラジオはなぜか好きで、昔はよく聴いていたものだった。ラジオの声とは異なる張りのない声に、歳をとったなとは感じたものの、実際に小沢をこの目で見ることができてよかった。話の内容はおぼえていない。小沢はラジオパーソナリティや俳優としての活動の一方、放浪芸の研究を行い、それが芸能研究の功績として認められたということはわかった。

講演の後、スピーチなどを経て、総長以下大学役員が退場する。その際に「早稲田の栄光」を卒業生は肩を組んで歌う。隣に座っていたゼミの後輩と肩を組んだ。

栄光はみどりの風に
花開く若き日の歌

歌いながら、ああこれで大学生活は終わったんだ、あしたからどうしよう、と考えていた。見通しは想像できなかった。

学科の後輩たちが高田馬場の居酒屋で簡単な集まりをやるというので、私も参加した。就職活動の話や今後の見通しなどの話を聞くと、暗い顔をしている人も多かった。一人、どこかいいところに就職が決まった人がいて、その人だけ明るい顔をしていた。いまで言う「リア充」に近いような感じだった。

いいところに就職が決まるような人は、明らかに違う。どことなく、「調子がいい」「軽い」。私が一生かけても持ち得ないような性質だ。そんなことを考えながら後輩たちの話を聴いていた。

その後、大学時代に所属していた鉄道研究会の面々と豚しゃぶを肴に飲む。数年先輩の、大手企業で正社員をしている人が、その席で言った。

「お前、大丈夫か」

「たぶん」

この先輩は、社会人をやっているためか、新卒で会社に入らなければ人間として扱われない社会を身をもって知っていたのだろう、といまはわかるものの、当時は気にもとめなかった。他人からは、危なっかしい人間に見えたのかもしれない。

ゆめゆめ、恐ろしいことになるとは知らずに。

甲府の実家に帰る列車は、新宿を二十三時に発車する。その列車に乗るために、仲間たちより早く宴席を立ち去った。

あしたからのことは何も考えずに、ただ特急列車のシートに座っていた。

ハローワークの模擬面接

卒業式が終わってから四月に入るまでは、自宅の整理などをしてすごした。大学時代に勉強のために買った多すぎる本は自室どころか居間をも占領し、家族からは迷惑がられた。専門の社会学の本が大量にあり、こんなに勉強したのにとなげいた。大学生協では本が一割引で買えたため、かなりの本を買っていた。ワンルームマンションから持ってきたエアコンや洗濯機・乾燥機の置き場所にも困っていた。

母と一緒にいろいろなものを片付けることで、三月は終わった。

正式に無職になった四月になると、さすがにこのままではまずいと思い、近所のハローワークに通うことにした。ハローワークの分室が当時、甲府駅の近くのビルの一室にあった。登録して、大学を卒業しても仕事がない、と職員に話す。

職員は平然とした顔で、こういった。

「それなら今度、合同就職面接会がありますよ。卒業してから一年後までは新卒と同等の扱いをする企業もあるので、そこに応募してはいかがですか」。新卒で職がない、ということはよくあるのだろうか。

わらにもすがる思いで「どうもありがとうございます」といった。

「就職活動にあたって、不安なことはありますか」

「面接です。いままでいくつもの会社で筆記試験は通ってきたのですが、いつも面接で落ちていました」

「今度、履歴書を持参していただけませんか。模擬面接をします」

「わかりました。実は現在、毎日新聞社の筆記試験を通過しています。もうすぐ面接なので、そのエントリーシートを持参してもいいですか」

本当のところこのハローワークの人に新聞社のエントリーシートなんてわかるのだろうか、とは思いつつも、それしかないので持って行くことにした。

数日後、スーツを着てハローワークに向かう。

「おはようございます。模擬面接にきました。こちらが、エントリーシートです」

「ありがとうございます。それでは、開始しましょう。まずは、面接会場のドアを開けるところから」

面接官役の職員と模擬面接用のブースに入る。

「ドアをノックするところからですよ」

改めてドアをノックする。ドアを二回手でたたく。

「失礼します」

「まずは自己紹介をお願いします」

「小林拓矢と申します」

「大学名と学部名をお願いします」

「早稲田大学教育学部社会科社会科学専修です」

「一分くらいで自己紹介をお願いします」

大学時代も、この一分間、もしくは三分間の自己紹介は苦手だった。だいたいいつも、エントリーシートや履歴書の内容を口に出していただけだった。

「大学時代は、鉄道研究会の編集長を務め、表紙のカラー化などの誌面の充実に努めていました。組織内でのコミュニケーションを円滑にしてよりよい機関誌が作れるよう努力しました。また、これまでは書泉グランデなどの一部書店にのみ販路が限られていましたが、新しい販路を求め、コミックマーケットにも参加しました」

当時、早稲田大学の鉄道研究会では、就職がうまくいく人がほとんどいなかった。一学年上の先輩たちは全員が留年するか、大学院に進学するかで、ロールモデルになる人がだれもいなかった。

そのためか、その先輩方をうらんでいた。見本となるものを全く示さずに、後輩たちに苦労を押しつける。私たちの学年も、就職実績は悪く、一人を除いていい会社に入った人はいなかった。その一人も、やめている。みんな留年や院進学などを経て、さまざまな人生を送り、だいたいは不遇になっている。私もその一人だ。

しかし、決して性格や人間性に問題があったわけではない。勉強もできなかったわけではない。当時の留年理由のほとんどが、就職先がなかったというものだ。

「あなたはなぜこの会社に入りたいと思ったのですか」

「はい。御社は防衛庁リスト問題で独自にスクープした記事がすぐれており、そこから見える個人の能力を大切にする社風に惹かれたからです」

だいたいこんなこと、エントリーシートに書いてあるのだ。それにこういう話を、ハローワークの人が知っているのかさえ、あやしい。

いまにして思うと、毎日新聞社は経営が厳しく、力のある個人が好き勝手にやっていただけだが、そんなことは口に出したら「空気が読めない」とされるだけだ。

「何か質問はありますか」

あなたに質問してどうする。

「特にありません」

「それではありがとうございました」

部屋を出た。

「お疲れさまでした。またこちらに入ってください」

指導を受ける。

「だいたいいい感じでしたね。話し方も大丈夫です」

こんなことで大丈夫なのかと思うものの、いまはこういうところでしか練習できない。

この程度の「感触のよさ」なら、普通の人はだれだって持っているものだ。

なお、毎日新聞社は面接で落ちた。

学歴が高すぎる

再度、ハローワークに行くと、職員に事務的に言われた。

「今度の合同就職面接会の案内はこちらですので、よさそうな会社を探してから行ってみてください」

案内をもらいぱらぱらとめくっていると、県内では名の通った企業が数多く掲載されている。まあ行ってもいいかな、とも思い、当日は会場へ向かった。

地元の銀行のブースでは、「既卒者は募集しておりません」と言われる。

あえて、「たとえ早稲田を出ていても？」と聞いた。「そうです」と答えた。

にべもないあしらい方に、強烈な憤りを覚えた。どんなに生活上の必要があっても、この地銀には口座を一生作るまい、金も借りまい。現実に、この地銀にはいまだに口座さえ作っていない。この地銀は山梨県では特権的な存在であり、独占的な地位を占めている。既卒者の入る余地など、ないのだ。

成績の悪かった高校の同級生がすでに入社していた地元の大手建設会社のブースに行く。その同級生の父親が社長をやっているものの、その同級生より頭がいいのならなんとか入れるだろう、と甘い見通しを抱きながら、人事と話す。

「ぜひ、わが社の試験を受けてください」

後日、説明を聞きにこの会社を訪れた際に人事と会社役員の名刺を置き忘れて帰ってしまった。これはまずいことをしたと思い青ざめてあわてて取りに会社にもどった。そのときは社の人も笑顔だったものの、そのせいか筆記試験で落とされた。おそらく、満点に近い点数のはずだったのだが。細かいふるまいというのは、とても大事だと身にしみた。

宝飾関係の企業のブースでは、会社の説明を受けたあとに言われた。

「あなたのようないい大学を卒業した人はわが社にはもったいない。あなたの学歴は高すぎる。もっといい企業を受けたらどうか。うちの会社なんて、そんなに高い学歴を要求していない。都内の会社でそれなりにあなたの能力を活かせる会社はないのか。もっといろいろと探してみては」

学歴が高すぎる、というのは理不尽だ。なんのために勉強してきたのか。進学校から、難関大学へ進学し、卒業論文の成績も決して悪くはなかった。それを罪を着せるかのように言うのは、ひどすぎる。

そんな思いを抱きながらも、平然と笑顔で言った。

「いや、そんなことはないですよ。宝飾業界は山梨県の重要な産業で、私もそこで活躍したいです」

強い意志と、若干のおべんちゃらもこめた。

「いやいや、あなたほどの人は、わが社には似つかわしくないですよ」

にべもなく断られた。要するに、「いらない子」だったのだ。

もっとも、後年何人かにこの話をしてみると、「『学歴が高すぎる』というのは僕も言われた」「私も」といった感じになる。ない話ではないのだろう。会社というものは、調和が大事なのだから、人と違う人がいるとやりづらいのかもしれない。

その他にいくつかの会社の話を聞き、面接の約束をしてきた。どの会社からも内定はもらえなかった。

深く傷つき、自分を責め続けた。俺なんて、ろくなもんじゃない。自分の好きでもなんでもない仕事をするために、なんであんたみたいな馬鹿そうな中年男に頭を下げなくてはならないんだ。心の中で会社の人事担当者をののしっていた。いまから考えると人事担当者にも言い分はあるのだろうが、そこまでは考えられなかった。

都内で働いてもいいんじゃないか。こっちにろくな仕事がないなら。面接を受けても、断られるばかりだ。都内のハローワークにも通おうか。実際、地方には大卒者の仕事は少ない。

六本木ジョブパーク

ちょうどそのころ、ハローワークの職員に「六本木ジョブパーク」のことを案内された。この施設は若者向けのハローワークである。新卒者や新卒後年数が経っていない人を対象に職業紹介をしている専門のハローワークとのことだ。

「もし東京での就職も視野に入れているのなら、こちらも考えてはいかがですか」

「そうですね。山梨でしか働けない、ということはないので」

「ここは求人数も多いです。また、専門の職員によるアドバイスを受けられます」

「それは、いいですね」

ここに行けば、いまよりもいい求人があるかもしれない。採用してくれる会社もあるかもしれない。そんな思いを抱きながら、六本木ジョブパークに向かった。

恵比寿で日比谷線に乗り換え、六本木駅で降りると、いままで見たことのない街の狭さと、人の多さに驚いた。しかも、駅からは結構離れている。歩くべき道を間違え、坂をむだに登り降りすることになった。

まだ新しい六本木ジョブパークの建物は、重いねずみ色に光っていた。中に入ってみると、清潔感がある。

一階のパソコン検索ルームに入ると、地元のハローワークとは異なった設備が整えられていた。何十台もある検索用のパソコン。もちろんタッチパネルではなくマウスとキーボードだ。

タッチパネルのハローワークの検索システムにはいらだたせられることが多い。面倒くさいからだ。パソコンと同様の入力方式で求人票を検索できることに、ありがたみを感じた。

さっそく、片隅にある受付で登録をすることにした。

「こんにちは」

「こんにちは」

「すみません、山梨県のハローワークに登録しているものですが、東京でも仕事を探したいと思い、こちらに登録したいのですが」

「構いません。ぜひ、どうぞ」

「ありがとうございます」

「では、こちらの登録用紙に書いてください」

書き込んだ。

若い人専門のハローワークなので、既卒で仕事がなかった人、というのが当然のように来るのだろう。ここは大学在学中の新卒者を対象にしているものの、既卒で職がない人もターゲットにしているようだ。

まじめな顔をして、現在の事情を職員に話した。

「本当は新聞記者を目指していたのですが、そうも言っていられないので、どこか適当な仕事を探したいと思っています。都内だと仕事も多そうなのでここに来ました。とりあえず求人の多そうなシステムエンジニアか営業職を当たろうと思っています」

「わかりました。実はこちらでは今度三日間にわたり合同就職面接会を行います。もしよろしければこちらに参加してみてはいかがですか。あと、こちらでは就職に向けたアドバイスを行うミニ講座を行っています」

「どうもありがとうございます。両方とも、さっそく参加してみます」

合同就職面接会の参加企業の求人票が印刷された冊子と、講座の案内などをいただく。しばらくの間求人を検索し、その日は自宅に帰った。

合同就職面接会

数日後、合同就職面接会に参加することになった。さすがに普段着ではまずいので、スーツを着て自宅から都内に向かう。

大学入学時から着ている紺のスーツは、初夏にはもう暑苦しく、さすがにしんどいものがあった。大学入学時から履いているとはいうものの、普段から履き慣れていないリーガルの靴は、ちょっと疲れる。こんな格好に慣れるとよい会社員になれるのだろうかとは思うものの、あまり好きな服装ではない。

受付には人があふれていた。列ができており、並ぶのが嫌いなので帰りたかったが、そうも言っていられない。

とりあえず受け付けを済ませ、求人を行っている企業に渡す複写式のカードに書き込む。書き込む内容は、氏名・居住地・連絡先・出身大学。あと、既卒か否か。

既卒なのは、しかたがない。まわりには、新卒もいる。コンプレックスを感じる。しかし、大学名がどうも気になった。周りの人を覗きこむと、あまりよく知らない大学名を書いている人が多い。

しかし、父が身体に障害がありお金がないという家庭の事情もあり、かつ公務員試験を受けるには勉強も必要であり、参考書も買わなくてはいけないことを私の親は理解していなかったため、それすらできなかった。とにかく、就職を決めなくてはならない。正直、どこでもいい。なかばやけをおこしていた。

一人だけ、「西南学院大学」と書いている人がいた。福岡の名門私立大学だ。関東圏の生まれで同校に進学して帰ってきて就職先を探しているのか。それとも遠征して就職先を探しているのか。よくわからないが、同志的心情を抱いた。

とにかく、会場に入って適当な会社のブースに行く。カードを渡し、会社の説明を受ける。「我が社には同業他社にはないようなこんな技術がある」とその会社の人は堂々と、自慢気に言っていた。

本当はそんな話には、全く関心はない。しかし、内定を得なくてはならないのだ。ニコニコしながら大きく頷き、大変関心を持っているような態度を示した。

まるで演技しているようなものだったのかもしれない。しかし、そうしないとどこにも就職できないのだと自分に強く言い聞かせて、話を聞いた。

「では、順次面接にお呼びしますのでその際にはぜひお越しください」

なお、この会社からは二週間ほどたっても何の連絡もなかったので、こちらから電話をかけてみた。

「すみません、面接はいつごろお呼びいただけるのでしょうか」

「順次お呼びすると申し上げたはずですが」

「それはいつごろなのですか」

「ですから、『順次お呼びする』ということです」

それ以上追及はできなかった。ただ、うそつきだとは思った。

他の会社のブースに行く。人事担当者がカードを一瞥したあと、言った。

「君には期待できる。ぜひ、我が社の試験を受けてみないか」

その人事担当者は頭のはげた老人だった。どうやら、社長であるらしい。

「我が社はヒューマンな、人間味のあるシステム開発の技術者を求めている。君のような人にはぜひ来て欲しい」

それはありがたい。必死な気持ちで面接を受けることにした。

他にもいくつか、システムエンジニアを募集している会社の説明を聞いた。その中には書類選考や筆記試験を通過した会社もあったものの、面接で落とされた。

当時、システムエンジニアを目指していたのは、堀江貴文や三木谷浩史のようなＩＴ起業家が輝いていたからではない。グーグルのような技術力のある会社がインターネットを変え、その流れの中に身を投じたかったからでもない。

単に、当時はシステムエンジニアの募集が多く、そこなら簡単に就職できるだろう、と思ったからだけだった。

友人が私よりも一年早く、大学を卒業してシステムエンジニアになった。もちろん友人も私もコンピューター系の専攻ではなかった。しかも友人は私よりも成績が悪かった。それならば、という程度だ。

第一、日本のIT企業に社会を変えられるわけがない。アメリカではシリコンバレー出身の起業家が新しい技術やシステムを開発し、インターネットの普及に伴い成長していた。日本の場合は富士通やNECといった大手を中心に多重下請け構造となっており、末端の労働者の労働環境は厳しく、長時間残業はあたりまえで、離職率も高いとはよく言われていた。

合同就職面接会に元請けの企業が出てくることもなければ、独創的な技術を持った企業が出てくることもない。多重下請けの、最末端の企業が出てくる。

大学の専攻を問わず、そういった会社は人を採用していた。数ヵ月の研修を終えて現場に投げ込み、オン・ザ・ジョブ・トレーニングをして「戦力」にしていた。

SE企業の筆記試験

「人間味のあるシステム開発」を謳う会社の筆記試験に行く。

スーツを着て雑居ビルの四階にあるその会社を訪れると、三十代くらいの男の人事担当者が迎えてくれた。会議スペースに通され、人事は簡単に会社の概要を話すと、筆記試験を開始した。試験は適性検査と作文。作文は三つのテーマの中から一問を選択して書くものだった。原稿用紙を手渡される。ワードの「原稿用紙ウィザード」をプリントアウトしたものそのままだった。

大丈夫なのかと、不安になった。

問題は「中国経済と日本」「インターネット社会とあなた」、あと一問は覚えていない。「インターネット社会とあなた」を選択し、大学時代に運営していた教育学部生向けの試験情報交換サイトの話を書いて提出した。

大学時代には、試験情報をやりとりする掲示板サイトの運営をしていた。当時、大学の試験の情報交換はインフォーマルなところで行われており、それを掲示板というわかりやすい、だれにも見やすい形でやりとりできるようにした。このことで私自身は学部内ではちょっとした有名人だった。それなのに、なぜこんなところで作文を書いているのかとも思いながら。

ただ、大学の中にうもれてぼーっとしていたわけではない。そんな思いを抱きながら、作文を書いた。

だいたい二つ合わせて二時間くらいだっただろうか、試験問題を解き終えて提出し、帰った。

直後に同社から電話があり、面接試験を受けることになった。

面接は午前中からあり、都内に前泊して面接に備えた。

社長室だけ豪華だった

会社に行くと、数人しかいない。外回りの営業の多い会社とは思えないので、外部に常駐しているのだろう。応接室と社長室を兼ねた感じの部屋に通された。面接官は、合同就職面接会に登場した老人であり、社長だった。

社長室だけちょっと豪華で、ワンマン経営なのだろうか、ということを思わせた。

社長は強い期待感をこめながら言った。

「君、作文うまいね」

「はい」

「学校の成績いいね」

「ありがとうございます」

「ジョブパークの面接会で君を見た時から、採用しようと思っていたんだよ」

「はい」

「君を採用するには条件がある。少し、痩せなさい」

「はい……」

「僕は毎日散歩をしている。朝早く起きて、何キロも歩いている」

「そうですか」

「八月一日から仕事に入ってもらう。詳細は総務に聞きなさい」

ずいぶんあっさり決まった。果たして大丈夫なのだろうかと不安になったが、これでいいのだと言い聞かせた。ともかく、就職は決まったのだ。ここに勤めなければ、人間としての尊厳が世間で認められないのだ。

社長は総務を電話で呼び、入社にあたっての実務的な話をさせた。

「小林さんには八月一日から働いていただきます。入社後しばらくは研修です。給与は求人票にあるとおりです。勤務時間も求人票通り九時から十七時三十分までですが、客先に常駐するようになるとそちらの勤務形態に従ってもらいます」

「わかりました」

そして、社長は言った。

「試用期間の三ヵ月間で君の能力を見させてもらう。楽しみにしているよ」

いささか不安を覚えた。が、「内定」を手にできたのでほっとし、会社を出た。

会社を出て百メートルほど歩くと、母親の携帯に電話した。

「仕事、決まったよ。人形町の、システムエンジニアの会社」

「まあ、よかったね」

母は、うれしそうだった。


「ここで精神を叩き直せば、入社させるかもしれないよ」


この会社の選考を受けている間にも、同時にいくつかの会社の選考を受けていた。ある会社との間で、トラブルがあった。

飯田橋にあるやはりシステムエンジニアを求めている会社の選考を受け、面接を終えた。その後、同社から電話があった。

「岐阜県の家電量販店でソニーの販売員をやってくれないか」

「どういうことですか」

「家電量販店には、店員の他にメーカーから派遣されたセールスマンがいる。その人が店員と一緒になって家電の販売にあたっている。詳しい話は近く会って説明する。とりあえず事務所に来てもらいたい。せっかくだからそこで君の精神を叩き直してもらおう」

「はい……」

どういうことかわからないが、とりあえずその会社の事務所に行き、詳しい話を聞くことにした。しかし、精神を叩き直されなくてはならないほど私はダメな人間なのか。

「お前が悪い。お前は精神を叩き直せ」と、就職予備校の講師や、面接を受けた企業の面接官、さらには関係のない大人にまで、よく鬼のような形相で言われた。「お前は人の心がない」と、両親にまで罵倒された。

なぜかはわからないが、理不尽なまでに多くの人に人格を否定された。そのことはいまでも心の傷となって残っている。そのときの苦しみで、ゆううつになったり、いまでも疲れやすかったりする。

とりあえず、その会社の事務所に行くことにした。

事務所に入ると、人事担当者が私を出迎えてくれた。ニヤニヤしながら言う。

「ここで精神を叩き直せば、我が社が君を入社させるかもしれないよ」

その当時まだ人形町の会社の内定は手にできていなかったので、わらにもすがる思いで話を聞いていた。ここで精神を叩き直せば！　叩き直せば！　正社員としての社会的承認が得られるのだ！　承認のない人間は価値がないと思いこんでいた。

「君も自宅を離れて、量販店のような厳しい環境で、ビシビシ鍛えられなさい」

目がすごんでいた。何も言えなかった。

「午後、ソニーの品川の事務所でその研修がある。案内してあげよう」

飯田橋の会社の事務所を出ると、秋葉原で中央・総武緩行線から京浜東北線に乗り換えて、品川駅で降りた。品川駅で、立ち食いそばを二人で食べた。支払いは会社の人にしてもらう。担当者が先に食べ終えて外に出ると、私も急いで食べて外に出た。

ソニーの社内に入ると、研修はもう始まっていた。

「じゃあ、ここで。君は社員ということにしておいてね」

私は知らない人ばかりのソニーの会議室に取り残された。

ソニーの会議室での研修

会議室には、ソニーの各部署や、協力関係にある会社から集められた人が揃っていた。

「ボーナス商戦です。アテネ・オリンピックです。薄型地上デジタルテレビを売るには、絶好の機会です。この機会を逃してはなりません。売って売って売りまくりましょう！」

全員で拳を振り上げ、エイ、エイ、オーと気勢を上げた。前に立っていたリーダーは目を血走らせていた。

「テレビの画面は、なるべく他社よりも明るめに設定せよ。それだけで画質がよく見える」

いいのか。それでは、詐欺ではないか。

「プラズマテレビと液晶テレビの違いを説明できるようにしておけ」

確か、プラズマは動画に強く、スポーツ向きと聞いた記憶がある。

「三十二インチ以上の大画面はプラズマを薦めろ。インチあたりの単価が液晶よりも安い。それよりも小さいのは液晶だ」

なるほど。

「とにかく売ろう。売って他社に勝ち抜こう」

そしてお辞儀や挨拶の練習を行い、研修は終わった。

知らない人ばかりだったのでそそくさと会場を出ると、女性に声をかけられた。少しばかり容姿はよくなかったが、まじめそうな人だった。

「先ほどの会議室にいた人ですか」

「はい」

「私もそうなのです」

「では、飯田橋の会社の？」

「ええ」

「大阪から来たんです」

「大変ですね」

「でも、これで就職が決まると思うと」

「確かにそうですよね。決まるといいですね」

「いまから大阪まで帰ります」

「それではお気をつけて」

あの会社は、私以外にも声をかけているようだ。もしかして内定をエサに安く人を働かせようとしているのかなと思った。

「何様のつもりなんだ」

それからしばらくして、くだんの人形町の会社の内定をもらった。

飯田橋の会社のこの件は、人形町の会社の勤務開始時期と重なるため、断ることにした。電話をかけると、相手は怒り出した。

「なんで先約のこっちを断るんだ」

「申し訳ありません」

「だいたい、人員の計画は決まっているんだぞ。それに何だ、内定したからといってひるがえすのか」

「すみません」

「ふざけるな。いいかげんにしろ。せっかくお前の根性を叩き直すチャンスを与えてやっているのに。何様のつもりなんだ」

こわいくらいの罵倒だった。おびえてしまった。

あまりにもこわく、一人では対応できないため、ハローワークに相談することにした。

ハローワークの人は、優しく教えてくれた。

「とりあえず、『全く違法性はありません。ハローワークに相談したらそう言われた』と言ってみてください」と言われる。

電話でその旨を飯田橋の会社に伝えたところ、「それなら仕方ない!」と話は立ち消えになった。

電話口から、「ちくしょう!」という声が聞こえそうな感じがした。安い派遣労働力として私を使えなかったことが、残念なのだろうか。約束が違う、と思っていたのだろうか。

プログラミング言語を独習せよ

人形町のシステム開発の会社からメールが来た。

「指示通りの本を買って独習しなさい」と。

Javaというコンピューターのプログラミング言語の本を甲府市内の三省堂書店で購入し、その本の指示通りに独習を進めていった。

独習といってもそれほど変わったことをするわけではない。本に書かれている通りにJavaのプログラムを打ち込み、そのプログラムを動かしてみて、ということを繰り返すだけだ。それを入社までに、なるべく進めておくように、ということだった。私は一日に一時間か二時間、この勉強を続けていた。

それから、社長から言われていたウォーキングも行うようになった。普段は自転車で行っていた遠い書店も、歩いて行くようにした。一日に何キロも歩いた。

六月から七月にかけて暑くなり、外に出るのもおっくうになった。しかし、涼しくなるような時間帯を見計らって歩くようにした。街中から自宅まで歩いた日もあれば、ぶどう畑の中の一本道を歩いた日もあった。

Ｊａｖａの勉強、ウォーキングに入社までの日々を費やした。

都内で働くからには、引っ越しのことを考えなくてはならない。最初は、人形町に通いやすいような都営新宿線の沿線（東京の東側）に住もうかと思っていた。が、問い合わせてみたところ、「おそらく常駐する客先は東芝の日野の工場になると思います」というメールが返ってきた。

「それならば会社と客先との中間地点である三鷹あたりに住みたいと思います。三鷹なら大学時代に住んでいた慣れ親しんだ街なので」と返信しておいた。

さっそく、不動産探しに三鷹に行った。駅前のミニミニへまずは行く。いくつかの物件を紹介されて案内された。その他の不動産屋に行っても、だいたい同じような物件を紹介された。

自宅に間取り図を持ち帰り、母と相談して二つ三つに絞った。

後日、母と一緒にミニミニを訪れ、絞った物件を見せてもらう。結局、西向きのベランダもない、バス・トイレが一緒の家賃六万五千円の部屋に決めた。コンロも、一口の電熱器だった。どうせ、寝に帰るだけだと思い、住環境はそれほどよいものを求めなかった。

大家さんの審査を受け、その部屋に入ることが決まった。

これまでの日課に加え、引っ越しの準備も行った。

勤務開始の八月一日の数日前に、三鷹市に引っ越した。

入社一日目は「あいさつの練習」

入社日の二〇〇四年八月一日は、日曜日だった。事前に会社に電話した。

「入社日は日曜日なのですが、どうしたらいいのですか」

「翌日の二日月曜日から出社してください。お待ちしております」

「ありがとうございます」

電話の相手は、なぜそんなことを聞くのか、という感じだった。だが私としては、入社日に「日曜日だから」という理由で休んだ、ということで心証を悪くしたくない、と必死だった。

とりあえず日曜日は家ですごした。

三鷹に住み、人形町の会社に通うのに、どんなルートがいいか考えていた。最初は、三鷹から中央快速線と総武緩行線を乗り継ぎ、都営浅草線に乗り換えて人形町で降りようと考えていた。しかし、新宿で都営新宿線に乗り換えて浜町で降りて会社まで歩いても、そんなに変わりはないだろう。中野から東西線で茅場町まで乗り、そこから日比谷線で人形町まで乗ってもいい。

初日の二日は、浅草橋で乗り換えて人形町へ向かった。定時より早めに着くと、数人の社員が出社していた。

会社には白い机が多くあった。その机のほとんどにはウィンドウズマシンが置いてあった。しかし、社員の私物や書類らしいものが置いてある机は、ほとんどなかった。仕事前に雑談をする声もなく、ひっそりとしていた。

確かに、システム開発の会社の社員は客先に常駐することが多い、しかし、人もいないのになぜ机があるのか、よくわからない。人気のなさに、不安をおぼえた。

「おはようございます」

「おはよう」

だれかわからないが、あいさつを交わす。入社式のような仰々しいものは何一つなく、会社員生活が始まった。

「おお、君が小林君か。この席に座りなさい」

会社の隅にある指定された席に座った。

「とりあえず総務から話を聞いてくれ。詳しいことは後で話す」

総務が近寄ってきた。

「いまの人は部長です。私が総務です。これから簡単なあいさつとマナーの研修を行います」

私と総務は、会議室に入った。社内の一角をパーティションで区切っただけの会議室だ。

総務に、ＩＴ業界の業界団体が作ったビジネスマナーの冊子を渡される。

「細かい話はこれを読んでおいてください。今日は主なところだけやります」

まずはあいさつ。復唱する。

「おはようございます」

「よろしくお願いします」

「申し訳ございません」

「ありがとうございます」

「だいたいいい感じです。声は小さくよく通るような感じで」

「はい」

あいさつは社会人になったら必要だ。こういうのはあまり好きではないが、ここで自分を叩き直さないといけないのだ。しかも、これくらいのことで自分が叩き直されるのだから、楽ではないか。

総務への私の印象はよさそうだ。形だけでも、しっかりとあいさつをしているのだから。そして発声も、いいのだから。満足そうな表情をしていた。

続いて、お辞儀の練習。

「お辞儀は三種類に分かれます。五度～十五度の『会釈』、三十度の『敬礼』、四十五度の『最敬礼』です。ではやってみましょう」

　手を前にして会釈をする。

「違います。それは女性の場合です。男性は手を横にして。ズボンの縫い目のあたりに」

　もう一回会釈をする。

「それでいいですね」

　女性と男性とではどこに手を当てるのかが違うとは、実はそのときまで知らなかった。少し勉強になった。もっともその後も、手を前にして頭を下げることが時々ある。

　順に、敬礼と最敬礼の練習を行う。

「いいでしょう。初めて会社に入ったにしては上出来です」

「ありがとうございます」

　そこに部長が入ってきた。

「話がある」

「ダメだったらさよならだ」

　部長と私は、社長室兼応接室のような部屋に入った。社長はいなかった。

「僕は、君の採用には反対したんだ。君を入社させたくなかった。だが社長が『ぜひ』と言うから、君を指導することになったんだ。試用期間中じっくりと能力を見させてもらうからそのつもりでな。ダメだったらさよならだ」

まるで、ゴミクズを拾ってきたかのような、吐き捨てるような物言いをした。目には悪意が満ちていた。採用担当者が拾ってきたものを押しつけられた、という思いもあったのだろう。

「君にはＪａｖａの勉強をしてもらう。客先で現在、Ｊａｖａの技術者を必要としている。本来ならばＣ言語からやったほうが理解しやすいが、そんな時間はない。入社前に指示した課題はやってきたよね」

「はい、一応は」

「でも教科書の最初からやってもらう。この教科書は二冊セット。一冊目は持っているようだから、もう一冊を買っておきなさい。領収書を持ってくれれば経費として払う」

「わかりました」

「本を読んでプログラムを打ちこんで実行して成功したら、ウェブテストを受けてもらう。その繰り返しだ」

「でも、まだ会社のパソコンのスイッチも入れていない状態なのですが」

「ログインアカウントとログインパスワード、メールアドレスとメールサーバーのパスワードだ。会社のメーリングリストには登録してあるから、さっそく客先にいる社員向けにあいさつを書くこと。送る前に僕のメールアドレスに事前に送っておけ。チェックする」

会社のパソコンにログインする。ウィンドウズ２０００のマシンだ。私有のパソコンはウィンドウズＸＰだから、それより古いものになる。スペックをチェックすると、古めのものの割には悪くない。

　ウィンドウズNTや2000の系列は、大学のパソコンルームにあったため、だいたい使い勝手はわかっていた。ワードやエクセルも入っており、テキストエディタの秀丸エディタもインストールされていた。軽くカスタマイズする。

　メールソフトはアウトルックエクスプレスだった。これは私用のパソコンで当時使っていたものなので、使い方もわかる。メールサーバーにアクセスする間隔を三十分に設定する。総務は「私は一分ごとにメールサーバーにアクセスするように設定しています」という。

「それだとメールサーバーに負担をかけることにならないんですか」

「いえ、大丈夫ですよ」

　テキストエディタを開き、メールの原稿を書く。


　はじめまして。私は八月一日にこの会社に入社しました小林拓矢と申します。

　まだ右も左もわからない状態ですが、よろしくお願いします。

　大学は早稲田大学教育学部社会科社会科学専修を卒業しました。

　学生時代は鉄道研究会に入っており、各地を旅行していました。


　署名欄も見栄えがよくなるようにつくる。

　部長に、メールの原稿を送る。部長には「メールの原文、できました」と声をかける。

「わかった。いま忙しいからちょっと待ってくれ」

Ｊａｖａの教科書をぱらぱらとめくりながら待っていた。さすがにネットサーフィンをするのはまずいと思ったので、ヤフーのポータルサイトを開いたままにしていた。会社からブログを更新するのはまずすぎる。

しばらくしたら部長から返事がきていた。「これでＯＫ。メーリスに流せ」

さっそく、社内向けメーリングリストに流した。部長がメールチェックをしたところで、「おい、昼休みだ」と言う。何かを食べようと、外に出た。

人形町は不案内な街である。この会社の選考を受けるまで、一度も足を踏み入れたことがない。どこにどんな店があるかも、全く知らない。

その上、初出社の疲れもあってか、お腹が痛くなっていた。何か胃に優しいものを食べたい。都内のお昼時は、ファーストフードのお店の他に、喫茶店のランチやラーメン店、居酒屋のランチなど、選択肢が多い。しかし、それらを見ていると、「胃にもたれそうだ」という気分になる。しかも値段が高い。その程度のお金は財布に入っていたが、簡素なものを食べたい気分だった。路地を見ると、ファミリーマートがあった。もう面倒だから、コンビニで何かを買って会社の机で食べよう。

ざるうどんとおにぎりを買う。普段はそばをよく食べるものの、胃が辛いのでうどんにした。

「会社で昼食をとってもいいのですか」

「あ、いいですよ。ゴミは分別して捨ててください」

総務の机を見ると、家庭から持ってきたであろうと思われる弁当箱があった。

「愛妻弁当ですか」

「いえ、自分で作っています」

自分で弁当を作る男性というのをそのころは奇異に思ったが、後々には「弁当男子」という言葉も生まれることになる。そのころから弁当を自作する男性会社員はいたのだろう。

昼休みが終わり、プログラミングの研修に入る。部長が、

「小林君、ちょっと来なさい」

と会議室に呼んだ。

部長は、だいたい五十代くらいの年格好である。

「事前にある程度学習をしたとは思うが、一からやってもらう。まずはこの本に書いてあるとおりＪａｖａをインストールしろ。それから午前中に指示したとおりにやれ」

机に戻り、Ｊａｖａのプログラミングに必要な開発環境を、教科書の付属ＣＤ－ＲＯＭからインストールした。

「うまくインストールできません」

「それはお前のやり方が悪いんだろう。本の通りに正しく入れなおせ」

と、どなられる。

インストールの際に多少のトラブルはあったが、無事終えられた。

「まずは教科書の通りに打ちこめ」

教科書を開き、少しずつ読んでいく。数ページ読み進めると例題があり、それを書かれている通りに打ちこむ。打ちこんでコンパイルして、コマンドプロンプトの上で動作するかを確認する。

第一章には何問か例題があり、ひたすらに打ちこみ続けた。

残業代は出ないが……

十七時三十分になると、会社の勤務時間が終わる。十五分ほどメールの返信などを書いたあと、帰ることにする。

この際、定時になるまで帰宅する準備を行ってはいけないということは薄々わかっていた。定時になる前にきりのいいところで仕事を切り上げてはいけない。少なくとも上司の印象は悪い。だから定時まではパソコンに集中していた。

パソコンをシャットダウンして、上司の机に向かう。

「お疲れ様でした。お先に失礼します」

「おお、お疲れ様。残業代は出ないが、残って勉強していってもいいんだよ」

「はい、ありがとうございます。今日は帰りながら、教科書を読ませていただきます」

帰りの電車の中や、家に帰っても勉強しているという体面を示すために、私は教科書をかばんの中に入れた。本当は、どちらでもよかった。一生懸命やっているという体面を示さないと、首を切られるのではという恐怖はあった。

夏の十七時台は日が高い。そして暑い。背広の上着を片手に、人形町の駅へと向かった。一心に帰ろうとした。そのころは「クールビズ」なんて、なかったのだ。帰宅後は、インターネットをして遊んでいた。どっと、疲れた。

社長の説教と部長の嫌味

翌朝、前日と同じように教科書のプログラムをテキストエディタに打ち込んでいると、部長から声をかけられた。

「社長がお呼びだ」

社長のところに行くと、「話がある」と言われて会議室に連れて行かれた。

「君には、期待している。何者かになれる」

目を大きく開いていた。

「はあ」

「昔話をしようか。戦争に負けて生活は厳しかった。旧制の中学校を出て、毎日アルバイトをしながら暮らしていた。そんな日々が続き、このままでいいのか、と思っていた。二十代に入って受験勉強を開始し、一番を目指そうと思って東大を受け、合格した」

「はい……」

「東大を出ても当時は何年も道草を食っていたということで就職先はなかった。そこで、年齢制限がゆるそうなマスコミに入ろうと思ったんだ。ＮＨＫに入った」

それはすごいなあ、と思ったが、そんな物言いをすると不遜なのでうなずいていた。

「定年までＮＨＫに勤務した。そのころ、コンピューターが今後重要になると思い、勉強した。で、この会社を創業した。最初は、人材派遣の仕事しかできなかった。しかし、請負の仕事をやることが会社の成長につながる、と思った。だから請負中心の企業体制にして、いまのようになった」

私は黙ってうなずいた。

「そんなふうにして僕はやってきた。君も僕と同じ目をしている。だから大丈夫だ。がんばれ」

「ありがとうございます」

実際にはありがたくもなんともなかったのだが、少しばかり感心した。

いったい、社長は何を言いたかったのか。苦労話をしたかったのか、説教をしたかったのか。単純に、鼓舞したかっただけなのかもしれない。

「席に戻れ」

説教から解放されてほっとした。

再びプログラムを打ち込む作業を続けていた。

章の中のプログラムをすべてやり終えると、ウェブ上で練習問題を行う。教科書の出版社の翔泳社が提供している学習プログラムで、オンラインで練習問題を解かせるというものだ。

章ごとに選択肢式の問題が十問程度あり、一定以上の問題数を解き終えると合格する。合格するまで、何度でもその問題を解かなくてはならない。

まず問題を解いてみると、合格しない。何度か挑戦して、ようやく合格できた。

そのことを上司に報告すると、「少し指導しよう」と言われた。

上司とともに、会社内の応接スペースに行く。

「本当は採用したくなかったんだけど。まあ指導係だからな。面倒を見るよ。ダメだったらさよならだ」

念を押された。いやでいやで仕方なく相手をしている、という顔をしていた。

「僕は岡山大学という駅弁大学を卒業して東芝に入り、システムエンジニアの仕事をしてきた。学部はコンピューター関係ではない。その会社からヘッドハンティングされてこの会社に来た。君は早稲田だな」

「はい」

自分で「駅弁大学」という人を初めて見た。

「それから、この章の内容はわかったか」

「はい」

口先だけは自信たっぷりだった。そうしないと、いつ首を切られるかわからないからだ。本当にわかっているか、いやわかっていないかを自分の中で不問に付しながら、答えていた。この部長とは折り合いが悪そうだなと、心配になった。

「まあいいや。わからないことがあったらいつでも聞け。各章が終わったら、このように指導する。とりあえず次の章に入れ」

またパソコンに向かってプログラムを打ち込む。

さくら水産での昼食

昼になり、食事をとりに行こうとする。

「おい、きょうはご馳走しよう」

上司に引き連れられて外に出た。

「このあたりにはどんなお店があるのですか」

「会社の一階にスパゲッティのお店がある。僕はそこで食べることが多い。あと、ラーメン屋と喫茶店がある。きょうはさくら水産のランチに行く。僕のおごりだ」

さくら水産に入ると、上司は「何を食べるか」を聞かなかった。定食の食券を二人分買い、席についた。

定食がやってきた。無料のふりかけなどをかけながら食べる。あまり、食べた気がしない。社会人になると、上司が命じたものを好きであれ嫌いであれ食べなくてはならない、選択する権利はない、ということをこの時知った。上司は絶対、命令には絶対服従。食べ物も決める権利がある。社員は会社の奴隷なのだ。立派な会社の奴隷になれるのか、それとも奴隷未満の身分にしかなれないのか。この国で働くということはその二択しかないのだ。食事は、おいしくなかった。

これからは上司と食事を一緒にしたくない、と思いながら、会社に戻った。

ネットサーフィンに逃避

再びパソコンに向かい、プログラムを打ち込む。練習問題を解いて結果が出る際、解説文をテキストエディタにコピーアンドペーストして保存した。この話を上司にすると、「これからは翔泳社の練習プログラムにお金を払わなくてもよくなるな」と喜んでいた。

定時になる。本当は会社に残って人の顔色を見ながら自分で研修を進めたほうがいいのかもしれないが、疲れたので帰る。

「本日もありがとうございました。お疲れ様でした」

会社全体に響き渡るような通る声であいさつをした。

最寄り駅に着いたら書店に寄り、一息ついてから自宅に帰る。

自宅では自習する気はあまり起こらなかった。不本意で就いた仕事、ということもさることながら、一日中会社にいて、さらに仕事のことを考えないとならないと想像すると、いてもたってもいられなかった。

結局、私はインターネットの世界に逃げた。ブログを書くほどの気力はなかったが、ちょっとしたネットサーフィンくらいは、マンションに常時接続環境を整えていたため、可能だった。コンピューターを仕事にするのに、自分の思っていた「コンピューター」の世界とは違う、という違和感を持っていた。

世の中では、ヤフーやライブドアが注目されていた。堀江貴文は時代の寵児となり、メディアでも注目される経営者となっていた。

だが私のいる会社はそういう華のある事業を行っているわけではなく、下請けの開発事業者で決して明るい舞台には立てないだろう、と思っていた。

実際のＩＴ企業は大半がそうした企業である。

自宅でインターネットを楽しみつつ、そこからは疎外されているような気分だった。

寝る時間は、だいたい二十一時くらいにしていた。あまり人間関係が得意ではない私は、人の顔を見るのも嫌なので、会社に行くと疲れる。とりあえず睡眠は取っておこう、という考えだった。これでは、ダメなのだろうが。

試用期間で二人がクビ

通勤ルートも、ようやく決まってきた。総務の人のアドバイスで、三鷹から茅場町まで東西線に乗り、そのあと日比谷線で人形町まで。茅場町で乗り換えるときに、もし反対側で乗り換えて「築地」（朝日新聞東京本社の所在地）で降りるような仕事ができていたら、という思いがあったが、どうにもならないことだ。

翌朝も三鷹駅から東西線直通に乗って会社へ向かう。始発駅からの乗車なので、座れるのがありがたい。

出社すると、プログラムを打ち込み、練習問題を解き、解説をテキストエディタにコピーアンドペーストして打ち出して読み、上司の指導を受けた。一日中、そうやって過ごしていた。

夕方になると、総務から「きょうは掃除の日だ」と声をかけられた。

毎週水曜日の夕方、主に新入社員が中心となってこの会社では社内の掃除を行う。その年の四月に入った若い社員が、会社に客先から戻っていた。

古くなった業務用の掃除機を社内全体にかけ、机などを拭いたところに社長が来た。

「いやあ、君たち、がんばってくれたまえ。今年の新入社員五名のうち二名は試用期間でやめてもらったが、あとは戦力になった。だから、頼むよ」

試用期間を終えるまでに四割が首を切られていたのか、と思うとぞっとした。が、私は作り笑いをして、「はい、がんばります」と言った。

帰りながら、正直恐ろしいことだ、と思った。一応、世の中では正社員は簡単に首を切られないことになっている。試用期間でやめさせることに違法性があるとは当時は知らなかったが、それでもこの会社が簡単に人を追い出す会社だとは思わなかった。

気持ちの中はごちゃごちゃしていたが、かといって転居してまで勤めた手前、逃げ出すわけにはいかないのだ。嫌でも、ここで働かないとならないのだ。我慢しよう、こらえよう、辛抱しよう。死んでも、ここにしがみつくのだ。

帰りながら本を読み、どっと疲れが出た。

正社員の身分を手に入れるために

このころから帰り道に書店に寄るようになった。自宅の最寄り駅の三鷹駅や会社最寄り駅の人形町駅近くの書店の他に、途中の高田馬場駅の近くにある芳林堂書店にも寄った。そのころ買った本に、石井政之編著『文筆生活の現場―ライフワークとしてのノンフィクション』（中公新書ラクレ）という本があった。この本は、中堅どころのノンフィクション作家、フリーライターが、自身の仕事と生活を赤裸々に書いたものである。同書に登場してくる人物の中には、後に出会う人も含まれている。

どこかに所属しないでものを書くという生き方もあるのか、と正直思った。こんな生活もあるのか。自分とは縁のないものだとその本を読みながら思いつつ、少しばかり羨ましかった。

行き帰りに時間がかかったので、読書にも励んだ（東京を東西に横切るのだから）。会社に入って初めて買った本は、小谷野敦『俺も女を泣かせてみたい』（筑摩書房）だった。大学時代には、『もてない男』（ちくま新書）をはじめとする小谷野の本をよく読んでいた。小谷野のエッセイは読むと不思議な面白さがある。

本多勝一の朝日文庫（黒い背表紙のもの）もよく読んでいた。本多は私の尊敬するジャーナリストであり、こうなりたいものだ、と思っていた。

仕事よりも、行き帰りの読書を楽しみにするようになり、会社に残って勉強なんてする気はなかった。そもそも、会社のように誰かがいる場所なんて好きじゃない。家族でも友人でもない人間と長時間一緒にいることに、嫌悪感と恐怖感さえ抱く。

会社に通い、プログラムを打ち込み、上司の指導を受ける日々。わかったふりをして、先に進まないと、いつ首を切られるかわからない。恐怖感の中で過ごし、週末を迎えた。

会社が休みだと、ほっとした。家の片付けをしたり、ネットをやったりして過ごしていた。

そのあいだに、本当はいまの仕事がいやで、正社員という「身分」を手に入れるために必死でやっていると自覚するようになった。この国では、正社員でないと人として承認されないのだ。

自分は何をやっているのだろうか

翌週以降も、一人だけの、パソコンに黙々と向かう研修は続いていた。一章仕上がったところで上司の指導を仰ぎ、アドバイスを受けるのも変わらない。

社長が、電話をしていた。どうやらゴルフコンペについての会話をしているようだ。

その社長に呼び出されて「最近はどうか」と聞かれる。社長の席の後ろ側には、求人に応募してきた人の適性検査の結果が無造作に置かれていた。早稲田大学の政治経済学部を卒業した、ということだけはわかった。おそらく、新卒後も私と同じように職がなかったのだろう。

「はい、がんばっています」と答える。

二、三話したが、大した話はしていない。

再び席に戻り、仕事、というより研修を続ける。退屈だ。

自分は何をやっているのだろうか。本当は何をしたいのだろうか。わからなくなって帰り道に早稲田大学中央図書館に寄った。日本新聞協会の作っている雑誌を読み、いいなあと思っていたが、詮ないことだった。スーツ姿の、学生でもない男が大学の図書館にいるというのは、ある意味不思議な風景である。

夏休みはない

このころになると、ようやく昼食を食べる際によく行くところが決まるようになっていた。少し会社から離れた喫茶店で、スパゲッティを頼んでいた。味は、あまりおいしくない。ここなら、会社の人には誰にも会わないだろう、ということも、もちろん考えていた。いや、会社の人に会いたくないから、この店に来ているのだ。

食後は文教堂書店で立ち読みをする。コンピューターの本なんて、チェックしない。小説や、雑誌、ノンフィクションだ。コンピューターサイエンスなんて、うんざりだ。もともと社会学を専攻し、ジャーナリズムを志望していた私のような人間には、まったく興味のないものだ。しかし食うためには、社会的承認のためにはつらい思いをすることが、あたりまえなのだ。

書店で心を穏やかにして会社に帰り、研修。打ち込み、練習問題、上司の指導。プログラムなんて、もうどうでもいい。覚えるべきことをさっさと覚えて、仕事をしてお金をもらうだけだ。

内容の深い意味など、考えてはいなかった。

決まった時間の十五分くらい前に出社し、あいさつをしてパソコンに向かい、十七時三十分を過ぎ、十五分くらいしたら帰る。その繰り返しだった。

退屈だ、うんざりだ。

私に夏休みはなかった。八月に入社したため、夏休みはない、ということだった。お盆休み中も土日を除き出勤した。

「休み中に課題を進めておくように。僕はいないからどんどん進めておいて」

そう言われて上司はお盆休みに入った。

ほとんど人のいない会社でただプログラムを打ち込んで過ごしていた。

土日に入ると、休みになる。休みの間コミックマーケットに行き、後藤羽矢子や唐沢俊一、新聞流通事情の同人誌などを買った。

コミケの会場は暑かったが、熱い夏、萌える夏を過ごしていた。この充実感こそが、コミケなのだ。

クビの予感

コミケが終わり、ふたたび会社での暮らしが始まった。夏休みを終えた上司は、私を会議室に呼び出し、夏休み中の成果を聞いた。

「どこまで、できているか」

「第五章まで終わりました」

「この変数の意味はわかるか」

「ええと……」

「何をやっていたんだ。本当のところを、何一つ理解していないだろう。これはわかるか」

部長は鬼のような形相で怒鳴りつけようとしていた。怖くなった。

そして私は説明した。

「いや違う」

部長は、しばらく黙った。

「このままでは先々のことも考えないといけないいな。社長にも相談する。覚悟しておけ」

そして部長は言う。

「研修を再開せよ」

机に向かい、キーボードを叩いた。

首を切られるのか、と思い苦しかった。

その日は疲れ果てた。母親に電話した。

「クビになるかもしれない」

「とりあえず明日は会社に行こうね」

「あまり気が進まない」

「行ってみないと、わからないよ」

そう言われると、行くしかなかった。

「君はこれ以上伸びる見込みがない」

朝、会社に行くと、扉がまだ開いていなかった。鍵を持っている人が誰か来ないかと、入り口の前で待っていた。上司が来た。

「おはよう」

上司は、笑顔だった。

「本当は総務が鍵を開けるんだけどね」とにこやかだった。「じゃあ、きょうも仕事がんばろうか」と言った。いやな予感がした。

私はいつもどおり、パソコンに向かってプログラムを打ち込んでいた。

「話がある」

上司は私を呼び出した。

「君はこれ以上伸びる見込みがない。学習能力もない。才能もない。試用期間内なのでやめてもらう。今月末までの給料はきょう払う」

平然と言い放った。

私はパニックになって泣きながら外の非常階段に出た。とりあえず、母親に電話して事情を説明してみた。

「クビ、だって」

「そう。また次の仕事を探せばいいじゃん」

続いて、大学時代の先輩で、労働問題に詳しい人に電話した。状況を説明。

「例えば個人加盟ユニオンに入るとか、裁判をするとかある。試用期間内の解雇を認めない判例もある。しかし、その会社にそこまでしがみつきたい、と思っているわけでもないでしょう」

「はい」

「ＩＴ系は、たちの悪い会社が多いからね。気をつけたほうがいいよ」

総務の人が、私の様子を見に来ていた。自殺しないかどうか、心配だったからだろうか。泣きながら電話をしている私を、なんとかなだめすかして、会社の席に戻らせた。

「とりあえず、いったん帰って明日来ます」

強引に帰ることにした。

自己都合退職

帰宅後、母親と電話で話し合ったあと、疲れ果ててベッドの上で眠った。これからどうしようかということを考えたが、どうにもならなかった。

翌朝、目を覚ますことができず、体は硬直したままだった。動かない。そんな中でも会社からの電話が携帯や家の電話にかかってくる。出る力もなく寝込んでいる。何度も鳴り続ける。夕方になってパソコンのメールをチェックすると、上司や総務からの連絡が来ている。そんなに追い出したいのかと理不尽な思いに駆られた。一応会社には「あす行きます」と電話したが、ふざけるな、と憤った。

起き、スーツを着て会社に向かう。定時に着いたか、遅れて着いたかは、忘れてしまった。退社の手続き、というのを済ませることになった。

まずは退職願に記入させられた。いわゆる、「一身上の都合で」と記すものだ。この会社の場合、すでに印刷された退職願の用紙があり、それに氏名と日付を記入するようになっている。それに加えて、退職の際の給与の支払いなどについて総務に言われた。

「今回は情けもありますのでということで、自己都合退職とします。今月分の給料は、月末まで働いたこととして、満額支給します。きょう、手渡しします」

会社に入った際、社の近所のみずほ銀行の支店に給与振込用の口座を作らされた。当時、私は同銀行の別の支店に口座を持っていた。その口座は、結局役立つことはなかった。

「荷物は片付けて持って帰ってください」

「重いので会社から送ることはできませんか」

「それなら着払いになります」

「近所のコンビニから送っても構いませんか」

「それは構いません」

「箱はありますか」

「ありますのでお使いください」

「カートか何か、ありますか」

「ではこれを」

箱に本などの私物を詰め、カートに載せて近所のコンビニまで持って行き、発送した。

会社に戻ると、社長から呼び出された。

「君がこんなことになってしまって本当に残念だ。なるべく残したいと思ったが、やはり無理だったね」

「すみません」

「僕が君を採用するのに賛成して、部長が反対したんだよ。僕の目は、節穴だったようだね」

「…………」

「だいたい、君はこの会社に一円も利益をもたらしていないじゃないか」

専門的な技術が必要な仕事で、たかだか一ヵ月も働かないで技術が身につくのか、人をバカにしているのかと、怒鳴りたくなった。が、社長の言い分もわからなくはない。納得こそは、できないものの。

「それに、君は毎日歩いていないだろう。太ったままじゃないか」

「申し訳ありません」

いや、毎日会社に通っていてそんな余裕はない、と言いたかったが、抗弁しているようでやめにした。

「そんなわけで君は今後の成長も見込めず、会社の役にも立たないと判断した。会社都合じゃなくて自己都合で退職できるだけありがたいと思え」

「私はこの会社に入るために引っ越してきたのですが……」

「そんなこと知るか。君の勝手だ。じゃあな」

そう言われて、社長室を追い出された。

社長室を出ると、総務から「やめるにあたって話がある」と言われて、会議室に入った。

「君は、本当は何をやりたいんだ？　何のためにこの会社に入ったんだ？　私は、経理の仕事をやりたいと思って専門学校に入った。そしてこの会社に入って経理の仕事をしている。君は、一体なんなのか？」

色々と説明をしたいことはあったが、本心を話すとさらに厄介なことになると思って適当にあいづちを打っていた。

「とにかく、やりたいことを見つけて次の仕事につくように」

言うことが、身勝手すぎないか？　しかも、解雇予告手当も出したくないのか？　強引すぎる。

会議室を出て、社内に適当にあいさつをして、会社を出た。

会社を出ると、ある種の苦役を終えたかのようなホッとした気分があふれていた。もう嫌な人たちと会わなくてすむ喜びや、毎日会社に行く際の重苦しい雰囲気など、嫌な気分がしだいに収まってくるような感じがあった。

しかし、仕事は探さなくてはならない。そのことは嫌だなあと思いつつも、仕方がないのでそうすることにした。

カウンセラーと職業適性検査

とりあえず、年金や健康保険の手続きを役所に行って終え、ハローワークにも行き求職の手続きをとった。

今度はどんな仕事を選ぼうか。いや、選ぼうと自分の精神に押し付けようか。なぜそう思ったかといえば、興味のあることは全く別にあり、無理して仮面をかぶろうとしなければ、仕事はみつからないと思ったからだ。

六本木ジョブパークに行き専属の職業カウンセラーの相談を受け、今後のことを考えることにした。

「あなたは本当はどんな仕事をやりたいの？」

本当は新聞記者のような仕事をやりたいのだが、どうせ無理だし、「書店員」と答えた。本が、好きだからだ。

「ならばそうなれるよう努力しなさい」

「いや、世の中とにかく仕事をみつけないといけないような状況になっているんですよ。なんでもいいから正社員になりたいです」

「いや、その考えはダメだ」

後々の社会情勢を振り返ると私のほうが正しかったわけだが、ともかくそんな押し問答が行われた。そのころは若者に仕事がないのは若者が悪く、若者自体がけしからん、という風潮が支配的だった。そんな意思を、職業カウンセラーから感じた。

「今度、職業適性検査があるから、受けてみたら？」

「はい、わかりました」

適性検査を受け、どんな仕事が向いているか知るのもいいかもしれない。

そう思って、数日後グループで適性検査を受け、それについての説明を受けた。

私の近くに座っていた女性が、六角形のきれいな形の分析結果を出していた。

「うらやましいですね。どんな仕事にも向いているなんて。私なんて、ずいぶんいびつな形ですから」

職業カウンセラーは言った。

「いえ、美しい分析結果はかえってよくないのです」

「なぜですか」

「何をしたらいいか、わからないからです。例えば小林さんの場合は苦手な分野と得意な分野がはっきりしています。それに対してこの女性の場合はそれらが明確に分けられていません。その場合、何を焦点に仕事を探していいか、わからなくなるからです」

しかし、私はなんでもいいから仕事を探したいのだ。そういう切羽詰まった気持ちを、ここの人たちはわかっていないのだ。

だいたい、卒業しても仕事がない、ということは単純に稼ぎがないだけの問題ではないのだ。好きでもない仕事でも一生我慢して続けなくてはならず、それさえもかなわないというのは、「承認」がない、ということでもある。そんな状況からはなんとしても脱したいのだ。

再度、数日後に職業カウンセラーに結果を持って相談に行ったところ、「やりたい仕事に就くにはその仕事にふさわしい自分になりなさい」と説教されて終わった。

正直、面倒くさいので、適当に応募してみることにした。しかし、募集の多いシステムエンジニア職に応募しても自分には無理だろうと思い、営業職を中心に色々と応募した。

投資用マンション営業の会社

六本木ジョブパークでの合同就職面接会は、一回あたり三日間あり、毎日会社が入れかわる。それが年に何回か行われる。だいたい、毎日行くのはかったるいので、一日目と三日目に行くことにしていた。どの会社の話を聞くかは、その場で適当に決めていた。「就職すること」が大事であって、どこの会社でどんな仕事をするかは、全く重要ではないからだ。金銭と正社員という社会的承認のために仕事をするのだと言い聞かせていた。

いくつか、当時受けた企業のことを語っておきたい。

投資用マンションの営業の会社。そのころ、資産運用としてワンルームマンションが流行っており、よく求人があった。そのたぐいの会社はだいたい「富裕層の資産運用のお役に立つコンサルティング営業」などと言って求人をしていた。その会社の人事担当者は堂々と「投資用マンションの営業です」と言っていた。ちょっと、珍しい。

気位の高そうな女性の人事の人の名札を見てみると、山梨県郡内地方の人のようだ。そのあたりをきっかけにしながら、話をしてみる。

「山梨県の方ですか。郡内ですか。私は甲府で」

「ええ、そちらの血をひいているもので」

色々と仕事についての話を聞き、お互いに笑顔でやり取りをした。

「では、履歴書と大学の成績証明書・卒業証明書を送っていただけませんか」

と言われた。

帰宅後しばらくして送ると、返事はなかった。人間は気に入らない、好まない相手でも笑顔でその場を取りつくろい、話を成り立たせるということを、当時は理解していなかった。特に会社の人事担当なんて、口八丁手八丁、裏表は使い分けるなどということを考えてはいたものの、まさかここまでとは思わなかった。

こちら側も、相手の望む性格や能力を演じ、相手に受け入れてもらおうと努力し、言い方を変えると演技、あるいは偽装しなくてはならない。企業に受け入れてもらうため、あるいは世間から承認してもらうため、自らを偽ることは必要なのだ。

「いやいやいやいや」

他の会社のことも記す。あるベルトコンベアの会社の営業職の説明を受けた。その際、相手はただひたすら自社の優位性と、「ぜひ来てもらいたい」という話しかしていなかった。ああ、この会社はあらためて自社で会社説明会を行い、面接へと進むのかなと思いつつ、ふむふむと首をこまめにふって、「御社にはぜひ入社したいです、御社には大変関心があります」ということを態度で示そうと努力していた。

「次の選考に進む人はこちらから後日電話します。ありがとうございました」と言われた。電話はなかった。

不思議に思ってその会社に電話してみると、「あの時『こちらから』『後日』と言いましたよね。お電話をお待ちください」と言われた。無論、電話はその後もなかった。

騙された、と思ったが、しょせん既卒の人間に対する企業の態度なんてそんなものだ。会社は、欲しい人を大切にするのであり、いらない人はどうでもいいのだ。

こんな会社もあった。さえない感じの人事担当者が、一人でブースに座っている。何の会社だろうか、と思って会場で配られた冊子をみると、テレビやラジオの音声の仕事をしている会社のようだ。人事担当者に話を聞いてみると、ＴＢＳの仕事を主として請けている、赤坂の会社とのこと。説明を聞くと、業界ではそこそこの会社のようだ。面接のアポを取りつけ、行ってみることにした。

　赤坂周辺は、飲食店でたいへんごちゃごちゃしてわかりにくかった。ようやくたどり着くと、面接室に通された。四人か五人くらいの、スーツを着ていない、明らかに業界関係者だとわかるような感じの服装をしている中年の男たちが、そこには座っていた。腕を組んだり、机の上にひじをついたり。思い思いの格好で、リラックスして面接に臨んでいた。

　まあ、こういう会社もあるかな、と思いつつ、ちょっと怖じ気づいた。

　履歴書を面接官の人たちが見て、言った。

「君は放送作家のような、言葉を使って文章を書く仕事をしたほうがいいよ」

「いや、私はこの会社のような、音声を扱う仕事をしたいんですよ」

「いや、君の顔と履歴書を見ればわかるよ。明らかに君は、物書き型の人間なんだ」

「いや、この仕事はチームを組んでやる仕事なんだ。君みたいなタイプは、共同作業には向かないんだ」

「いや、私は共同作業は得意ですよ。ぜひ御社に入れてください」

「いや、誰か放送作家に弟子入りしたほうがいいよ。あるいは制作会社とか」

　いやいやいやいや、と続き、なんだか変な面接だった。

「いやあ、君って面白いよね。でも、うちの会社向きじゃないんだよねぇ」

「そんなことはないですよ」

　精一杯好意的に受け取れば、私自身の資質や能力は評価していても、会社には合わないので入れられない、ということだろうか。

「どこか君にはいいところあるよ。そのキャラを活かせる会社があるといいね」

といったところで、面接官全員がうなずきあった。面接でそんなことをいわれるよりも、「採用する」といってくれたほうが、なんぼかありがたいのだ。人事担当者はいった。

「面接の結果は後日電話しますので、しばらくお待ちください。よろしくお願いします」

後日、同社から「折り返しお電話ください」という電話が入っていた。「残念ながら」という言葉を聞くのが嫌で、折り返しの電話はかけなかった。どうせ、不採用の電話なのだ。そんなものをいちいち聞いて、心地いいか？「お電話ありがとうございます」などと言わなくてはならないんだぞ。

クビにした部長と再会

そんな合同就職面接会の中で、元部長が人事担当者としてブースに座っていた。終了時間も近づき、その会社の説明を誰も受けようとしない中、暇そうにしていた。

そのブースの前に立ち、言った。

「私を覚えているか」

元部長は、ぎくりとした顔をした。私は顔を鬼のようにして、目を血走らせて言った。

「人をクビにしたくせに、よく新しい社員を募集しているな。会社とあんたのことは許せない。

絶対に許さない。死んでも恨む」

「カネを払ったからいいだろう」

冷たくいい放つ。

「そういう問題ではない」

怒った。

「仕事のできないやつなんか、知るか」

「人材を育成する気のない企業が、よく求人を出すな」

向きになる。

「お前に能力がないだけだ」

「人を転居させてまで採用して、ほっぽり出すのは許されるのか」

「そんなのは勝手だ」

元部長の顔は冷酷だ。平気で人を殺せるような顔をしている。

しだいに私の声がエスカレートし、そのせいか、人が多く集まってくる。周りからの視線が気になってくる。

六本木ジョブパークの職員も駆けつけてきた。

「何があったのですか」

「この会社は人を育てる気がなく、すぐにほっぽり出す会社なのに求人を出しているのです」

「ちょっと話を聞きますから、こちらに来てください」

「このあくどい人事は、どうなるんですか」

「それはこちらで対応します」

そう言われると、受付に連れて行かれ、事情を色々と聞かれた。

退社に至る経緯とその際の対応を話す。こちら側が怒りのボルテージを上げるのに対し、職員側はなだめるのに必死だった。

「とにかく、会社側には指導しておきます」

と言われ、納得こそしなかったものの、引き下がり、帰ることにした。

第二章

怒鳴られる日々

——FX投資会社への転職

どこにも採用が決まらない！

しばらくは、六本木ジョブパークでの合同就職面接会に通い、そこで手にできたアポイントメントをもとにあらためて履歴書を送ったり面接を受けたりする生活を続けていた。そんな生活が、六ヵ月は続いていた。

新卒ではない。しかも、たった一ヵ月程度の職歴がある。このことが私のコンプレックスと卑屈さのもとになっていた。さらに、職歴を隠して応募したため、「この間は何をしていたのですか」と聞かれることも多かった。「ずっと仕事を探していました」と言うと、相手は何も言わない。新卒で会社に勤めず、ずっと仕事を探していた人間など、人間としての尊厳は認められないのだ。

個人の尊厳は、理不尽な理由で奪われる。たしかに、人を選ぶ自由は会社の側にある。仕事を求める側には履歴書を出す自由しかなく、仕事のない大学既卒者という立場では、強制された義務とさえなっている。

新卒の就職活動で、立ち回り方は下手だったかもしれない。しかし、それが人間の尊厳を完全に否定する根拠となってはいけない。

なんのために、大学の卒業論文で最高の成績を取ったのか。ゼミのゼミ長をやったのか。もちろん、就職のためとは違うものの、お前には生きている価値がないと烙印を押す権利が、企業の人事にあるのか。いつも面接では罵倒したくなるものの、できないことに苦しんでいる。

採用になりそうだった企業もある。大阪に本社のある会社の東京支社の仕事だった。まず、支社で面接を受けた。当たり障りのない面接だったが、その当たり障りのなさから面接を通過した。なお、その際に人事担当者は評価シートの「協調性」に五段階評価の「３」をつけていた。

大阪の箕面市にあるその会社の本社に向かう。東海道新幹線「のぞみ」に乗り、新大阪で大阪市営地下鉄に乗り換え、北大阪急行電鉄に乗り入れ、終点の千里中央駅で降りる。少し時間があったため、昼食を取ることにした。そば屋があり、有名なそば屋と同じ屋号を掲げていたのでそこそこ美味しいものを出すだろう、と期待して店に入ったら、麺はふやけており、大阪風のだしで、とても食べられたものではなかった。うどんでも頼んでおけばよかったかな、とは思ったものの、仕方がない。

当日は雨だった。雨の中、千里中央駅前のバスターミナルに立ち、会社の最寄りのバス停に向かうバスを待っていた。十分以上乗車し、バスを降りる。

会社に行くにも道に迷い、通りがかりの人に正しい道を教えてもらう始末だった。ようやくたどり着いた会社は、町工場だった。一階が工場で、二階が事務所だった。軋む階段を上り、二階の会議室に通された。社長が出てきて、最終面接だった。

社長はとても丁寧な、わりと若い人で、私に対して好意的だった。もしかすると採用されるかもしれない。そう思って、力を入れて面接では会話した。

その後、社長直々に試験官になって、適性検査が行われた。ペーパーでの適性検査の他に、道具を使った適性検査も行われた。この適性検査の途中、体調が悪くなったため、そこで終わりにすることにした。社長は「大丈夫？」と心配してくださったが、私自身は、「ここまできて適性検査で落とされたくはない」と思っていたので、参っていた。交通費を精算し、その日に帰った。

後日、不採用の電話が入った。「社長は採用したがっていたが、役員から反対が多かった」と言われた。

しかし、疑問である。適性検査の結果は致し方ないが、おそらく世襲の社長で役員に反対が多かったということは、独裁的ではない会社か。

私に会ってもいない、おそらくは履歴書と適性検査の結果しか見ていない役員に反対され、採用を見送られるということはどうしたものか。履歴書で、一旦卒業したあとにその会社に応募したと記したのがまずかったのか、おそらくは学歴が高すぎたのがまずかったのか、それとも社内を通った時の印象が悪かったか。ともかく、履歴書の顔写真と書いたことの印象が悪かったのは確かであろう。

リクルートスーツ

仕事を探しているうちに、季節は変わる。秋はとうに過ぎ、冬になっていた。特に雨や雪の日のスーツは、つらいものがある。寒い中、暖かみのまるでない革の靴は、いかんせんリーガルの靴であれ、足を冷やす。スーツはウールであるものの、暖かさを保証するものではなく、ペラペラなので体を冷やす。世のサラリーマンは、こんなものを着て仕事に行っているのかと感心したものの、同時に嫌だなあと感じた。

そのスーツにせよ、正式なリクルートルックではない。以前買った背広と、靴と、ありあわせのコートとかばんで仕事探しをしていた。いまにして思うと就職活動には決まりきった服装があり、それを守ることも重要なことなのだが、当時はそんなことを考える余裕さえなかった。

この国では、型にはまっていることが重要視される。おしゃれな服装なんてものは、私生活ですればいいのだ。新卒に個性はいらない、というのがリクルートルックを求職者に強制する側の論理である。

不採用の理由は「雪を見ていたから」

何度も、六本木ジョブパークの合同就職面接会に行った。そこで、ある会社の面接を受けられることになったので、その会社に行ってみた。

当日はひどい雪だった。激しい下痢に襲われ、大便が止まらなかったため、会社に電話して「遅くなる」と伝えた。会社側は了解してくれた。

雪の中、浪人時代に買った暖かいピーコートを着て会社に向かう。不適切な服装かもしれないが、寒さの中では仕方がない。

「こんにちは。遅くなって申し訳ありません」

「やあ、よく来たね」

私が生まれる前に建てられたであろうこの会社のビルは、コンクリートに疲れが見えており、会社の古さと、成長の可能性が低いことをうかがわせた。小用のためにトイレを借りたが、一体いつの時代のものか。

「他に面接をしている人がいるので、もう少し待ってください」と社員に言われる。遅れてきたので、仕方がない。

「それでは小林さん、お待たせしました」と言われる。オフィスフロアとは別のフロアにある会議室に連れて行かれた。広い室内にぽつんと会議用長机があり、パイプ椅子に座る。

「今日は、本当に申し訳ありません」

「いえいえ、そういうことはありますよ」

「しかも雪のため、交通機関の状況も読めなくて」

「こちらこそお待たせしてすみません」

ここからは、普通の面接のやり取りをしていた。志望動機や生活状況、なぜ卒業後に仕事を探すことになったのか、この間何をしていたのか。適宜ごまかしながら、いい印象を与えるように気を使いつつ、話していた。

そのときに、ちらりと外を見た。頭のなかに、「雪がひどいなあ」という思いがあった。そのあと、通常どおりの会話に戻る。

雑談をして、会社を出た。

数日くらいして、会社から電話が来た。

「今回は、不採用ということで」

「なぜですか」

「面接の途中に、雪を見ていたからです」

「それだけですか。それが理由になりうるのですか」

「はい、そうです」

「そんな理由で納得すると思うんですか」

「他にいいひとがいたので。今回はご縁がなかったということで」

「こっちはいろいろと困窮しているんですよ。そんな理由で私を納得させられると思っているんですか」

「申し訳ありません」

交渉のしようがないので、電話を切ることにした。

それにしても、理不尽だ。雪のせいにされては、たまらない。

要するに、琴線に触れなかったのだろうか。頭のなかで、「自己責任」という言葉が、響いた。

こんな理由にもならないことを理由に不採用にするというのはこちらとしても不本意だが、世の中の理不尽を受け入れるのも、大人としての務めなのだろうか。

君らが新卒第一号や

とにかく、書けるだけエントリーシートや履歴書は書いた。面接のアポを取りつけるのも一苦労であり、口先だけのきれいごとを言われ追い返されることも多かった。

そんな中、ある会社の選考が進むこととなった。

六本木ジョブパークの合同就職面接会で、太い金縁眼鏡の濃い顔をした人事担当者のいる会社の説明を受けた。男で五十歳くらい、関西なまりが強かった。隣には、三十代と思われる女性の人事担当者が座っていた。いささかきつめの感じの、長身の女性だった。化粧は濃かった。

私を含めて三人の人が会社の説明を受けていた。「うちの会社に入ると、給料がいいよ」。男は言った。「我が社には社員寮もあります」。女性が説明した。

「ほれ、見てみい。雑誌にも紹介されとるで」

週刊誌の記事風広告のカラーコピーがあった。

「うちは雑誌でも紹介されるようなしっかりした会社やで」

話を聞いてみると、外国為替の関係の仕事だという。会社案内パンフレットも見せてもらったが、具体的な仕事の内容はわからなかった。

「とにかく我が社はこれから発展する。君らが新卒第一号や。活躍を、期待しているで」

男が目をぎらつかせて怪しげな確信を持った感じで言うと、人事の女性は言う。

「この書類にある日に筆記試験がありますので、ぜひ来てください。その前に、書類選考を行いますので、履歴書や卒業証明書・成績証明書を送ってください」

果たしてどんな会社かは想像がつかなかったものの、履歴書の志望動機欄では為替の仕事に将来性を感じていて、やる気があることを見た目だけでも示した。人形町の会社にいてやめさせられたことは、書かなかった。履歴書上は、職歴はないことにした。かえって、あやしまれるからだ。

中学生でも解けそうな筆記試験

書類を出す前に、会社から「書類は出しましたか」と電話があった。ずいぶん、強い口調だった。社員を獲得するのに一生懸命になる会社は、珍しい。急いで郵便局に行き、速達で書類を送った。それだけ、どこかの会社に入りたかった。

為替の会社の筆記試験の会場は、その会社の東京支社だった。本社は、大阪市にある。東京駅八重洲口を降りるとみずほ銀行が目の前にあり、記憶が確かならそのビルの十階にあった。

会社に入ると、たった一人だけ受付の女性がいる。それ以外にロビーには誰もおらず、透明なガラスで仕切られた応接室があった。さらにパーティションがあり、会社のオフィスの中は見えないようになっている。応接室の隣の小さな会議室に入ると、奥に絵が飾られていた。八人くらいで会議するには最適のスペースだった。

筆記試験は三人で受けた。問題は簡単で、中学生でも解けそうな一般常識だった。十分程度で解き終わり、時間を潰すのに難儀した。これで筆記で落とされたら、もう泣くしかなかった。

数日後、筆記試験通過の連絡が来た。「面接には、ぜひ来てください」と女性の担当者は電話の向こうで言った。「ぜひ来てください」というのも、珍しい。とにかく、歓迎されているようだ。

そのことは、ありがたかった。

何の仕事かはわからない

再度、指定された日時に面接を受けに行く。合同就職面接会で話した、大阪弁の人事担当者が現れた。その人物が面接官を務め、面接を受ける側が三人という構成だった。

「君たち、この仕事をやりたいと思うか」

「はい」

「自信はあるか」

「はい」

「君たちには期待しているよ」

人事担当者は大阪なまりでそう言い、私たち三名を凝視したあと、ニヤリと笑った。

「ではもし内定して入社したらがんばってくれたまえ。これで面接は終わりだ」

「ありがとうございました！」

三人は元気よくその部屋を出て、エレベーターを降りた。

そもそもどんな仕事をやるかもわからず、自信もやる気もないのに、堂々と言うしかなかった。それは他の面接受験者も同じであり、答え方が決まっているような質問をなぜするのか、とも思った。

が、世の中建前が大事なのだ。

まあ、内定は来るだろう、と思った。東京駅八重洲口に向かう足取りは、少し軽かった。なんとかなるかもしれない。でも、本当にやりたいこととは全く別だった。これから毎日、仮面をかぶり続けるのか。気が重い。だが、日本で「社会人」をやるためには、それは必要なことなのだ。

軽い気持ちと重い気持ちが交互にわき起こる中、家に帰るため中央線に乗った。

想定通り数日後には内定通知と書類が届いた。前に勤めた会社では保証人の署名捺印は必要なかったが、今度の会社では求められた。母と相談し、母の妹の夫に頼むことにした。

本当は新聞記者になりたかった

内定通知をもらってからも、「本当にしたい仕事」のための活動は続けていた。朝日新聞や毎日新聞、日本経済新聞にはすでにエントリーシートを出してあった。

しかし、たとえそちらがうまくいくとしても、仮面をかぶらないといけない、と考えていた。

当時、大手新聞社のコーポレート・ガバナンスの問題が多発していた。日本経済新聞社では、会員制情報誌『選択』が火ぶたを切った鶴田卓彦社長の愛人問題や不正経理問題などがあり、その背景に鶴田社長の独裁体制があった。朝日新聞社では、箱島信一社長の専横が問題になっており、従来見られた良識あるリベラルな紙面は消え、新自由主義を基調にした紙面となっていた。

そんな中で、どんな人間が好まれるか。いずれにせよジャーナリズム志向の人間には残酷な時代だった。

他紙についていくつか触れると、読売新聞社は、昭和の終わりごろから主筆として元旦の社説を書き続けていた渡邉恒雄氏がトップに立ち続けており、強権的な独裁体制を敷いていた。産経新聞社は、いまなお変わらない右派的な論調で、自分自身の考えとは相容れなかった。毎日新聞社は紙面はよかったものの、経営難が言われていた。

どんな人間が社会、あるいは会社に好まれるのだろうか、とよく考えていた。大学時代の同級生で、読売・日経・NHKと内定し、読売新聞社に結局は入社した人物のことを思い出すことが多い。

その人物は、大学生時代に全早連という早稲田大学の学生の親睦団体の連合体の役員を務めていた人物だった。

当時、大学では一時中止になっていた早稲田祭復活のための動きが盛り上がっており、学生の自主的な動きもあれば、広告研究会による動きもあった。全早連としても、一枚かみたかったのだろうか、関わるようになっていった。

この人物は、まず顔がよかった。調子が軽かった。創出版の『マスコミ就職読本』の就職活動者向けシンポジウムでもパネリストとして登壇し、軽い調子で話していた。

特筆すべきことと言えば、「早稲田祭二〇〇二」で「小泉内閣タウンミーティング」を行った際の中心人物であったことだ。当日は本部キャンパス十四号館を封鎖し、会場では厳重な警備が敷かれた。会場に入る際も、事前に登録し、さらには荷物も預けないとならないほどだった。

小泉首相の他に稲門の政治家である鴻池祥肇参議院議員も参加し、司会は法学部奥島孝康ゼミ出身の菊間千乃フジテレビアナウンサーだった。その人物は運営一切の責任者のようで、背広を着ていてステージの上から会場を眺めていた。

体制にくみしてかつ裏表を自由に動くことができるという、私自身にはどうにもならない特質を持っていた。

後々、この人物が佐賀県の自民党の有力者の息子であることを知った。そういうエスタブリッシュメント層の出自でないと、いい就職というものはできないのかと思うと、私自身ではもはやどうしようもなかった。

なお、この人物は読売新聞東京本社政治部で小沢一郎の番記者も務め、首相官邸も担当していたと聞いた。読売政治部の将来を担うエースであるという。

つまり、自分にはないような資質が、いいところに就職するには必要だと、大学を卒業して十年くらいかけて学んだのである。

結局、世の中が悪い、としか言いようがない。私は両親も高卒で、ぽっと出の人間だ。人当たりもよくない。いまもって情けない。年をとって、日本のエスタブリッシュメントが固定化していると考え、なさけなくなった。

寮の家賃は一万円

新しい会社に入るための準備を進めたり、新聞社を受けるための準備をしたりと、忙しくしていた。そんな中、会社で入社にあたり説明会があり、大阪の本社で研修を受けるように、とのお達しがあった。私の他に一緒に面接を受けた二人もいた。

三月二十九日から四月一日の四日間、新入社員としての基礎研修を受けるという。どんなことをするかわからないが、行かなくてはならない。

その説明会の際に、人事の実務者に過去に勤めていたかどうかを聞かれたので、話した。社会保険の関係で、どうしても伝えなくてはならなかった。人事は笑顔で「いいですよ」と答えてくれた。内心びくびくしていたが、言わないとまずいことになるし、言ってもまずいことになる。どうしたものかと思うものの、乗り越えなければならない一線だった。

当日の持ち物や注意事項を記した紙をもらった。「カッターシャツ」を持っていかなくてはいけないようだ。後に母に聞いてみると、白いワイシャツのことであるという。近所のコナカで買いだめをした。

その他下着類も買いだめをして、当日に備えた。

そのころ、会社から電話があった。「会社の寮に入りませんか?」。「どんな寮ですか」と聞いたところ、借り上げのマンションで、家賃は一万円だと言われた。賄いつきのいわゆる「社員寮」ではないという。本当のところ希望のところに受かればそちらの会社に移りたいと思っていたので、やめておいた。囲い込まれたくはなかった。

イラク戦争反対のデモ

二〇〇五年三月の後半、イラク戦争に反対するデモがあった。現地に行くと友人の氷川きよし似の男に出会い、デモコースを一緒に歩いた。東京駅八重洲口前を北上する中で、就職する予定の会社のビルの前を通った。

「会社にバレるようなことはないだろうか」

「こんなに人が多いし、それにビルの高いフロアだから、上から見ても気づかないよ」

「だと、いいんだけどね」

政治的信条、それも左翼的信条を持っているということは、一般には企業からは忌避される。バレたら、内定が取り消されるかもしれない。そんな心配をしながら、イラク戦争反対を訴えていた。

その友人とは、別の日に『日経金融新聞』について話した。

「『日経金融新聞』買ったよ。薄いのに、二百二十円と高かったよ。市場のデータが満載で、こういう世界に行くんだな、どうしたものか、と考えているよ」

「がははは。まあ、大変だねえ」

こういう新聞を読みこなさなくてはいけないのかと不安になるものの、まあ大丈夫だろう、と思っていた。

あわせて、外国為替に関する本を何冊か読んでいた。大学時代の専攻とは関係のないことだったので、わからないことも多かったものの、おいおい覚えていくだろう、と考えていた。

実際の為替の世界は、わりと体力勝負のところがあるなどということは、知らなかった。

大阪での研修に向かう

研修は、東京での採用者三名の他に、大阪での採用者四名も含めた、計七名で行われることになった。東京から向かう三名は、三月二十九日の午後一番で会社に集合し、大阪へ向かうことになった。

私は人よりも荷物が多く、その上ノートパソコンも持っていくことにした。着替えをいっぱい詰めたかばんをカートに固定し、ノートパソコンを入れたバッグと、ショルダーの書類かばんを持つ。

ノートパソコンを持っていったのは、ホテルでメールを読んだり、ネットサーフィンをしたかったという理由だ。知らない土地で何日も拘束されるのに、精神的な不安を和らげるためのネットができない、というのは恐怖そのものだった。

総務から渡された新大阪行の新幹線「のぞみ」の切符は、喫煙車の切符だった。二〇〇五年当時は禁煙車ばかりという状況にはまだなかった。ただ、禁煙か喫煙かについては、ちょっと聞いてほしかった。もっとも、会社とはそういうものではないのだろう。

三人で新幹線に乗る。私は頻尿気味の人間なので、頼んで通路側に座らせてもらった。外国為替の本を読んでいた。他の二人は会話をしたり、タバコを吸ったりしていた。

新大阪に着くと、本社の女性社員が出迎えてくれた。大阪市営地下鉄に乗り、心斎橋、谷町六丁目と乗り換え、谷町四丁目で下車した。

その足で会社に向かい、大阪弁の人事担当者が迎え入れてくれた。

「おお、お疲れ。きょうはホテルでゆっくり休め。明日は、八時集合や」

女性社員に宿泊先のホテルに案内してもらう。徒歩数分の東横イン天満橋大手前だった。三人なので、二人用の部屋と一人用の部屋に分けられるのは嫌だな、と思っていたら、各自個室に泊まることができる、というのでありがたかった。

正直、ほとんど話したことがないような人と二人でホテルに泊まるのは嫌だった。一人になると落ち着くことができ、ほっとできるので助かった。

「どこか街を見て回ろうか」と一緒に研修を受ける人に言われたが、「疲れているので」と断った。あまり人と接したくはない気分だった。

書店に行く。書店は、心を落ち着けられると同時に、いろいろな情報に触れられる最高のスポットだ。天満橋にはジュンク堂書店がある。ジュンク堂書店は大好きな書店チェーンの一つである。じっくり書店を見て回る。

ホテルに戻る途中には浄土真宗の寺があった。浄土真宗は、日本におけるプロテスタントのようなものである。大学時代に読んだマックス・ヴェーバーの『プロテスタンティズムの倫理と資本主義の精神』を思い出し、商業都市大阪はかくして発展したものだと感心した。

大学時代、ヴェーバーの『プロ倫』とエミール・デュルケムの『自殺論』、ゲオルク・ジンメルの『貨幣の哲学』を軸に進んでいく社会学の講義があり、その講義が大好きだった。成績も、もっともいい成績を獲得した。しかし、社会に出るとそんなものはまったく縁のないものだ。胸が、苦しくなる。

食事を済ませ、ホテルの部屋に戻る。やらなくてはいけないことがあるのだ。したい仕事のために、密かに対策を立てていた。作文が苦手であり、その対策のために就職試験向けの作文の本を手で書き写す、ということを行っていた。そのために、一人でいなくてはならない。

作文を写すと、自身が日本社会に適合することが極めて難しいと痛感させられる。就職試験向けの作文の本には、どんな人に就職試験を受けてほしいか、どんな人が内定するかがよく示されており、その人物像と自分の人間像、そして経験との間に深くて埋められない溝があると感じていた。こんちくしょう、悔しいなあと思いつつ、作文を写していた。

夜十時前には、眠ろうとした。眠れずに、大阪のラジオを聴いていた。

目をぎらつかせる人事担当者

翌朝、東横インの無料朝食を食べて会社へ向かう。会社に着くと、すでに多くの人が出社していた。求人票には「九時始業」とあったが、どうやらそうではなさそうだ。

「きょうから研修だ。まずは大きな声であいさつをできるようにする」

大阪弁の人事担当者は言った。

研修の会場は、会社でもっとも上の階の部屋だった。一つ下の階までエレベーターで上り、そこから外側の非常階段を経由して部屋へと入る。中には誰もおらず、ビジネスデスクと電話が八セット、それから絵画などの美術品や健康器具があった。美術品の趣味は悪く、成金趣味のような感じであった。乗馬と同じような効用のある健康器具と、自転車漕ぎマシン、ランニングマシンがあった。また、政治家の小林興起氏から贈られたものもあった。

「小林興起先生は我が業界のためにつくしてくださっているんだよ」

と、人事担当者は言った。

まずはあいさつの練習から始まる。大阪弁の人事担当者だけではなく、本社の人事の女性も来ていた。大阪弁の人事担当者は目をぎらつかせて言った。

「おはようございます！」

「おはようございます」

「声が小さい！　おはようございます!!」

「おはようございます！」

「よし。退社のあいさつだ。これはよく使うぞ。おつかれさまです！」

「おつかれさまです！」

「おつかれさまです！」

「おつかれさまです!!」

「おつかれさまです!!」

「よし！　こういうときは、『ありがとうございました！』って言うものだぞ」

「ありがとうございました！」

「よろしい」

「次に社内の他の部署やお客様を訪問した時のあいさつだ」

少しの間、全員黙った。

「失礼します！」

「失礼します」

「失礼します!!」

「失礼します！」

「よし、その調子だ。まずは声を出せるようにならなくてはならない」

「はい」

「声が小さい」

「はい！」

「声が出せるということはとても大事なことだ。わかったか」

大声で返事をして、午前中の研修を終えた。

声を出す、というのは、体育会的なことである。社内で大きな声を出しても通じるものではなく、うるさいだけである。社外で大きな声を出しても、成果が出ることとはあまり関係ないと考えてしまう。

むしろ、小声でも相手にわかりやすく説明することのほうが大事では。

しかも、為替というなじみのないものを他人に説明される際に、大きな声でガーガーとやられては、わからなくなるのでは。

体育会系の会社だといまならわかる。しかし当時は、一般に会社なんてこんなものだと思っていた。

出身大学を言え

昼に何を食べたかは覚えていない。

午後は、自己紹介の練習だった。これにもパターンがあった。

大学時代は、「学生注目！」というのをよくやっていた。

「学生注目！」「なんだ」「誠に僭越ながら自己紹介をさせていただきます」というものだ。まさか、とは思ったが、そうではなかった。

「まずは名前と出身大学を言え」

私より先に、別の人が言わされることになった。

「○○○○と申します。千葉商科大学を卒業しました。よろしくお願いします」

午前中に比べ、声の音量が上がっている。

「よし、その調子だ」

「阪南大学を卒業した○○○○です。よろしくお願いします」

「よし、しっかりした発声だな。運動部にでも入っていたか」

「はい、サッカー部でした」

微妙に立場が苦しくなる。というのも、千葉商科大学も阪南大学も、はじめて聞いた大学だからだ。往々にして、聞いたことがない大学は偏差値が低いことが多い。そう言ってしまうと差別になるが、研修を受けていた中で私だけ異様に偏差値の高い大学を卒業している。はっきり言って、気まずい。

腹をくくるしかない。あとで色々言われるかもしれないが、まさか学歴を隠して同僚と接するわけにもいかないのだ。

「では君」

「早稲田大学を卒業した小林拓矢と申します。よろしくお願いします」

「お前、がたいいいな。柔道部にでも入っていたか」

「いえ、鉄道研究会でした」

研修室の雰囲気が和む。ほっとした。

その後、残りの人が自己紹介し、声の出し方や頭の下げ方をチェックされていた。

「会社で部署に配属されたらしっかりあいさつができんとあかんからな」

名刺交換

名刺交換のやりかたも教えられた。

「営業では、名刺を何枚配ったかということも大事や。そのときに粗相があったらあかん」

実は大学時代に名刺を配るような機会も多く、しかも前職で名刺交換のやりかたを知っていたので、あまり心配はしなかった。

名刺入れの上に名刺を置き、相手の前に差し出す。場合によっては、向こうも出してくる。それだけだ。その際に、「よろしくお願いします」と言う。

ただ、みんな名刺入れを持っていなかった。持っていたのは、私だけだった。

大阪弁の人事担当者は言った。

「帰りに文房具屋に寄って名刺入れを買っておきなさい。ただ、メタルの名刺入れはダメだ。革か、それに類するものにしておけ。メタルの名刺入れは、場合によっては失礼になることもある」

「じゃあ、帰りにみんなで文房具屋さんに行きましょうか」

誰かが言った。一同、そうすることにした。


研修を終え、文具店を探す。谷町筋を北へ向かって歩いて行くと、小さな文具店があった。「名刺入れはどこにありますか」と店員に聞き、みんなでどれにしようか語り合っていた。

「たくさん入るのがいいんじゃない？」

「横から出すタイプのはよくなさそうだね」

「開くタイプのがいいね」

「これにしようか」

思い思いに名刺入れを選び、その店の前で解散した。

「一緒にホテルに戻ったあと、ご飯を食べに行こうよ」

東京から一緒に研修に来た人に言われた。

「ごめんね。いまから本屋に行くから」

「小林君、本屋好きだね」

天満橋のジュンク堂に向かった。少し、楽な気分になった。

みんなと一緒に行動を取りたがらないのは、私が集団行動が苦手なことによる。あまりよく知らない人と一緒に食事をするのは、苦痛だ。これから同僚になってわかり合えるようになってからなら別だが、気が進まない会社に入るのに、それを隠してニコニコしている自信はなかった。

その夜も結局ホテルでは作文のための勉強をしていた。早めに寝ようと思いベッドに入ってラジオをつけ、大阪の民放ラジオ局を聴いていた。

電話しか置かれていない机

三十一日も研修があった。朝起きて東横インの無料朝食を食べにいくと、一緒に研修に来ていた二人が先に朝食を食べていた。あいさつはしたものの、一緒の席に座らず少し離れたところに座って、パンを食べた。

会社に行き、再度研修部屋にて研修を受ける。それにしても、会社のエレベーターからは直接入れない、その上半ば物置のような使われかたをしているこの部屋は気味が悪い。机には電話だけがある。まるで、できの悪い社員を押し込んでやめるまでそのままにしておくための部屋のようだった。その上、誰も使っていない、あるいは会社の幹部級しか使っていない健康器具がある。こういうものは社員の誰もが使えるような場所に置き、福利厚生のために役立てるものであるはずなのだが。

その日の研修は大阪本社の人事の女性だけが担当していた。研修の内容は、電話のかけかただった。人事の女性がマニュアルをあらかじめ作成しており、電話機を持ってその通りにやった。

一般的な電話のかけかたや、営業電話のかけかたを学んだ。

疑問に思ったのは、営業電話のかけかたが相手が「イエス」の反応を示した場合のものだけであったことだ。確かにいきなり「ノー」の反応を示した場合のをやるのはきついものの、そういうことは往々にしてあるのだ。そのあたり、なぜマニュアルに入っていなかったのだろうか。

この電話のかけかたの研修を受けて、どうやら電話営業の仕事であるようだ、ということがわかってきた。もともと電話をかけるのは苦手であり、嫌ではあるものの、食べていき、そして正社員として社会的承認を受けるためには耐えなくてはならないことなのだ。とりあえず、イエスで進む場合の電話のかけかたを練習する。

その他にも、相手が不在の場合の電話の仕方や電話の受けかたも教わった。もっとも、これはどの会社でも一通り行われているものであり、違いはない。前に勤めていた会社でもそうだった。みんなで電話をかけるまねをして練習した。

「コンプレックスを抱えた人間が向いている」

午後も同様だった。

大阪本社の人事の女性が、「ちょっと仕事がある」と私たちを残して下の階に行った。しばらく、身の上話を全員でしていた。

「実は僕は昨年の九月に卒業していて」

「実は私は就職がなくて」

「実は昨年卒業して、しかも一社勤めているんだ」

などなどと話していた。

「みんな、気にすることはないよ」

誰かが、いった。

「それにしても遅いね」

「見てこようか」

私は言った。そして下の階に向かった。

そうしたら人事の女性は「ちょっと上で待っていて」といった。

しばらく待っていると、女性が怒った顔をしてやってきた。

「待っていてといったんだから待っていればいいでしょ。私にも仕事があるの。そんなこともわからないようでは社会人としてはやっていけないよ。いい。わかる？」

目を吊り上げてものすごい剣幕で怒っていた。普段見せる笑顔とは異なり、頭に血が上っているようだった。

そんなところに大阪弁の人事担当者が来た。

「明日から仕事だ。まずは午前中に入社式がある。ここに来ているみんなの他に、二人来る。一人は東京支社の受付。もう一人はコネで入ったので今回の研修には呼ばなかった。やめてもらえるようにしむけようと考えている」

何も言わず、大阪弁の人事担当者を見ていた。

「ところで、なんで君たちを採用したかというと、有能そうなだけではなくて何らかのコンプレックスを抱えている。そういう人間のほうが、うちの会社には向いているんや。ほな、社内を一通り見せて回ろうか」

私たちは非常階段を降りていった。

「ここが受付の階。事務関係はみなここにいる。こいつ、優秀なんだ。仕事の合間に勉強して資格を取った。君らもそうしたらええ。そうしないと、あかんで」

一つ下のフロアに降りて、社長室へと案内される。

「我が社には二人社長がいる。法律上代表取締役は二人いてもいいんや。人前に出るのはこちらの社長。実務はもう一人の社長が務めておる」

その話は知らなかった。「もう一人の社長」は、会社案内などの文書には出てこない人だった。さらに下のフロアに行き、会社の営業を取り仕切る人を案内された。

「努力すれば、ここまでたどり着けるんや」

見たところ三十代から四十代。皮膚のツヤはなくガサガサで、目はくぼんでいた。色柄物のワイシャツを着ている。

「まあ、君たちもがんばりな。この会社は、いい会社だから」

社内を一通り見て回り、本日の研修は終わった。

「二日間研修を受けた人は、手当が出るからな」ということで、一万円の研修手当をもらった。

そこに、明日入社式に参加する東京支社の受付とコネ入社の人が来た。大阪弁の人事担当者は言った。「お前ら、がんばろうな」

当日は研修最後の日ということもあって、みんなで食事をしに行くことにした。天満橋駅直結のビルの地下で、食事をした。

「みんな、仲良くがんばろうな」

「この会社、よさそうやな」

などと、言い合っていた。

少し前から東京支社の受付として働いていた女性がいった。

「東京には営業一部と二部がある。一部はそんなに厳しくはないけど、二部は地獄のように厳しいって聞くよ」

一部だったらいいなあ、と思ったものの、口には出せなかった。

和気あいあいと過ごし、食事を終えたあとはジュンク堂に寄ってホテルに戻った。その日はもう、作文の練習をする気力はなかった。

その夜はやはり早く床についたものの、眠れなかった。接したこともないような人と顔を突きあわせ、苦手な電話などの研修をして、疲れたためである。疲れるとより一層眠れない。

入社式

四月一日。昨二〇〇四年にどこかの会社の入社式に出られなかった私としては、コンプレックスを抱かざるを得ない日である。でも、その日に新卒同等の人間として扱われることに対してほっとしていた。

ホテルに荷物を預け、会社へ向かう。本当は会社に荷物を持って行ってもよかったのだが、作文の本があったため勝手に中を見られてはいけないと思ったからだ。

会社では入社式が行われた。一階の、普段は商談などに使っているサロンで椅子を動かし、新入社員全員を一時間近く立たせ、実務を務めている社長の話を聞いた後に辞令が交付された。私は営業二部に所属することになった。会場には、小林興起氏から花輪が贈られていた。

入社式の後、簡単な昼食会が開かれる。仕出しの重箱の弁当を食べるために、みんなで会場の支度をすることになった。男子が重い椅子や机を動かし、女子が弁当の支度をする。だいたい、前者が終わってから後者をすることになる。椅子や机を動かし終わり、手持ちぶさたなのでお茶出しなどを手伝おうとした。

「お手伝いしましょうか」

と私が言うと、女性の人事担当者に「それは女子の仕事ですから」と言われた。

感覚の古臭さに、どこかこの会社の悪い面が垣間見られた。

社長も含めた全員で食事をとった。普段はお客様が来る部屋ということもあり、どうも、食べていて気まずかった。

食後、ホテルに一人だけ荷物を取りに戻った。全員揃い、大阪本社の人はそのまま仕事に入り、東京支社の人は新幹線で東京に向かうことになった。

ヤンキー系の課長

帰りの新幹線は、禁煙席だった。乗る前に、会社へのおみやげをお金を出しあって購入した。一人だけ、離れた席の切符だったため、その席に座った。通路を挟んでいるため、話題に加わらずに済んだ。

三浦元博・山崎博康『東欧革命』（岩波新書）を読む。研修の少し前、知人の朝日新聞記者が東欧革命の中で取材をしていた話を聞いたのをきっかけに、積ん読にしていた同書を読むことにした。

一九八九年の東欧革命のころ、山梨県甲府市で小学生をしていた。新聞やテレビを通じて伝えられる動きの中で、こういう動きのただなかにいるような仕事をしてみたいと思っていた。しかしそんなことはかなう見込みはない。大学時代にパスポートは取ったが、９・11の現場にかけつけることさえできなかった。

世界の動きや新しい流れとは程遠く、ただ淡々と嫌な仕事をこなしていく。そんな未来なのだろうか。

東欧革命のような動きは日本ではなく、むしろ小泉構造改革が進んでいた。力あるものが勝つという世の中に、希望は持てなかった。もちろん、新しい仕事での生活にも希望は持てない。会社に戻ったら、どんな魅力のない生活を送るのだろうか。

知人の朝日新聞記者が当時も、いまもなお生き生きとしているのに比べ、親子ほどに歳の離れている自分は、なんと情けないことか。車窓を見る気にもなれなかった。

新幹線は東京へとつく。会社に向かう前に、私だけコインロッカーに荷物を預けさせてもらった。

「荷物が重いから、じゃまになるといけないのでコインロッカーに荷物を預けます」と言った。本当はかばんの中身を見られたくなかっただけだ。もちろん、書類かばんの中に作文の本や原稿用紙を入れるようなバカなまねはしないが、そこを見られたらアウトだった。また、当日歓迎会なんかが開かれ、重い荷物を持ち運ぶのも嫌だった。

会社のビルは東京駅の地下道と直結している。地下から直接ビルに入り、エレベーターで会社へ。早速各自部署に行き、あいさつをする。

「おい、小林、お前はこの席だ」

どうやら課長らしい。栄養の悪そうな、ヤンキー系の顔をしている。席を指定され、座ってみる。特になにもしないでいると、

「もう夕方だ。君はもういい。帰れ。月曜日には朝七時三十分には来い」

といわれたので、帰った。

心底ほっとした。解放感があり、気持ちが楽になった。

普通は、これからの仕事に向けてがんばるぞ、となるものだろう。しかしそんな気分にはならなかった。おかしいといわれるかもしれないが、食べるため、社会的承認のための仕事なのだか

ら、しかたがなく、ぜいたくもいえないのだ。

日経新聞とＦＸ

土曜日、日曜日と新聞社の入社試験を受けた。入ったばかりで他の会社の試験を受けるのかと言われそうだが、しかたがない。好きで入った会社ではないのだから。土曜日の試験は都心から離れた会場だった。

困ったのが日曜日の試験である。山手線内の会場で行われるため、誰かに見つかる可能性がある。不安に思ったため、三鷹駅近くのドラッグストアでマスクを買い、装着して会場に向かった。なお試験は落ちた。精神に余裕がないから筆記試験に受からないのも当然であり、受かったところで面接のための時間をひねり出すのも困難だろう。

求人票では始業時間は九時だったと思いつつ、言われた時間に間に合うように会社へと向かった。少し早い時間だったためか、三鷹駅から乗った中央線はぎゅうぎゅうという程ではなかったが、座れなかった。

会社につくと、「お前、朝礼であいさつしろ」といわれた。

あいさつをするために営業二部のみんなの前に立ち、大きな声で名乗りかけたとたん、怪訝な顔をされた。なんだか、変なのが来たなあという空気が、オフィスの中に流れていた。少し声を落としてあいさつをし、朝礼を終えて席に戻る。

課長が言った。

「おい、家で日経新聞を取っているか。取っているなら毎朝持って来い」

「いえ、取っていません」

「ならば会社で毎日取る。この会社では日経新聞を読むのが日課だ。会社まで配達してもらうが、費用は自腹だ。自分の仕事のために自分でお金を払うのは当然のことだ」

有無を言わせず、『日本経済新聞』を購読させられることになった。理不尽とは思うものの、生きるためには、正社員としての立場を確保するためにはしかたがない。

「うちの課にはお前の先輩が二人いる。よく覚えておけ」

「○○です」

「△△だ。君を指導する」

二人続けて言った。単に苗字を言っただけの人はいい服を着た詐欺師っぽい男で、「君を指導する」と言ったのは小太りの男だ。

課長は言う。

「これでも読んで覚えておけ」

渡されたのは、ＦＸの本だった。「外国為替証拠金取引」と言うらしい。話には聞いていたが、よく知らない世界のものだった。専門書ではなく、よく投資の本のコーナーで売られているような、安っぽい本だった。しかもカバーはなかった。

読み進めていくと、単純に外国為替を取り引きするものではなく、少額のお金を預け、それを担保にして大きな額のお金を運用する、というものだった。株に比べ効率がよく、二十四時間取り引きできるのがポイントであるとする。

あまり聞いたことはない投資だ。株式ならまだ想像はつく。しかし、どんなものなのだろうか。その本には為替取引のやり方やルールが書かれていた。株式のように買うだけではなく、売りからも始めることもでき、かつ配当ではなくスワップ金利ももらえるというものだ。

当時は米ドルやユーロの金利が高く、ＦＸで長い間「買い」のままでいるとものすごい金利がもらえるということだった。それに加えて為替の変動により、利益も得られるということである。外貨預金とは違って少額のお金を担保にして大きな額のお金を扱うため、その分得られる利益も多い。

その本の著者がインターネットＦＸの当時最大手だった会社に所属しており、ＦＸはネットでやるのが主流である、と記されていた。

しかし、私の机にはパソコンがない。いったい、どうやって仕事をするのだろうか。

いい服を着た男が、いった。

「投資にはポートフォリオという考え方が大事だよ」

「はあ」

あまりよくわからないことだが、とりあえず記憶にとどめておくことにした。

読み続けていると、昼の十一時三十分になり、「昼休みだ」といわれる。昼食を取り、近所の八重洲ブックセンターに行く。

日本有数の大書店である八重洲ブックセンターが会社のそばにあるのはありがたかった。会社の雰囲気の中で出社早々気が重くなっていたため、書店に入るとほっとした。

同書店はビジネス街の中にあるためか、経済書が充実している。その中にある投資の本のコーナーに行き、「ポートフォリオ」についての本を探した。一冊、それほど難しくはなさそうでかつ千三百円程度の本を見つけたので、買うことにした。

十二時三十分になると再度仕事に入るため、外国為替証拠金取引についての本とポートフォリオについての本を読んでいた。ポートフォリオについての本には、預金と投資とのバランスや、どの金融商品をどれくらいの割合で持つかについて書かれていた。その二冊の本を読み、その日は終わった。

というより、「おい、小林、もう帰っていい」と十八時すぎに言われたので、帰ることにした。帰りの途中、出勤簿のことを何も言われなかったのを思い出した。「出勤簿にハンコを捺していないのですが」と電話をすると、「営業部では事務の人が捺印するので、小林さんは特に何もする必要はありません」と言われた。ちなみに、タイムカードについては営業系の部署なので最初からない、と伝えられている。これは、違法ではないのか？

電話勧誘営業のスタート

翌朝、七時三十分前には到着し、日経新聞を読んだあとに、課題となっているＦＸの本を読んでいた。周りは、しょっちゅう電話かけをしていた。課長以上の席以外にはパソコンはなく、平社員の机どころか、主任や係長クラスの机にもなかった。

やがてその本を読み終わり、いい服を着た先輩社員から紹介されたポートフォリオについての本を読んでいた。

すると、課長が怒鳴ってきた。

「おい、何を読んでいるんだ。俺が読めといった本を読むのが仕事だぞ」

「こちらの先輩に薦められたのですが」

「そんなこと知るか。俺のいうことを聞くのが仕事だ。まだ一円も稼いでいないのにつべこべ言うな」

もう何度も読み通したその本を読むことは苦痛でしかなかったが、とにかく、覚えた内容でもまた読み返さなくてはならない。記述がつまらなくてもだ。

昼食後、いい服を着た男はいった。

「この会社は、よい会社だよ」

そうは思わなかったものの、続けていった。

「もっとも僕はきょうでやめるけどね」

何もいえることはなく、うなずいた。

小太りの男が、いった。

「僕が指導役をやるからな」

嫌とは言えない。課長とその男しかいないその課では、その男の指導を受けるしかないからだ。

「君にはテレコールをやってもらう。この会社では電話でお客様を獲得する。そのために電話をかけなくてはならない」

お客をどうやって獲得しているか、については前々から疑問に思っていた。大阪弁の人事担当者は、「紹介が多い」と面接では言っていたが、うそだった。

よく、自宅にいろいろな勧誘電話がかかってくる。マンションや新聞などなどだ。それと同様の要領で、電話をかける。

「まずはこれを読んでくれ」

電話営業の際に読み上げる台本である。まず、会社名と氏名を告げ、為替の案内であることを告げる。ちなみに、会社名のところだけ手書きであり、おそらく他社で使っていたものをそのまま使っているのだろう、と思わせられる。その後に銀行の外貨預金などと比較して外為取引の優位性を伝え、高い金利がつくことを話す。

それを一通り電話で話したあと、相手の反応を見て、売り込むといった形だ。

「これ、かけてみて」

とリストを渡された。おそらくどこかの名簿業者から手に入れた名簿だろう。しかし、何の名簿かはわからない。

かけてみる。趣旨を伝える。伝えようとする前に、「結構です」と断られる。

実家で母がこの種の電話を受け取る場合、ほとんど、いやすべての場合断っていたものの、一通り話を聞いてから断っていた。それを、話さえ聞こうともしないのだ。都会の人間は、こんなにも冷たいのか。

そういう状況が何人か続く。たまには話を聞いてくれる人がいるものの、資料を送る、という段階になると、「いいえ、結構です」という人ばかりだ。勧誘電話の対応に慣れているというより、いろんなところから何度も勧誘電話がかかっているので対処しきれないといった感じだ。

実際、電話の向こうからの声を聞いてみると、「また勧誘ですか」「またセールスですか」といったものの他に、「またおたくの会社ですか」といったものもあった。

その日は、夜になってから電話勧誘の仕事が終わった。ミーティングがあり、課の全員できょうの成果を話し合う。小太りの男が見込み客（取引をしてくれそうな人）の数とアポイントの数を言ったのに対し、私は何もいえなかった。

それに対してヤンキー風の課長はいった。

「きょうは初めてだから許すけど、あすもそれだったら承知しないからな」

そして帰してもらえた。

帰る際には、解放感があると同時に、あすからまたこの日々が続く、へたしたら一生この日々が続くと考えると、しんどくなった。

いやいやながら仕事を続ける人生。多くの人が実際にはそうなのかもしれない。しかし、リクルートにあおられ、「やりたい仕事を」「自己実現を」などと言われてきたような人間にとっては、やりたくない仕事をやるというのは苦痛でしかないという考えが骨の髄までしみていた。そんなことはまちがっているのではあるが、当時はそこまで考える余裕はなかった。

「何様のつもりなんだ」

次の日は朝から電話かけの仕事が続いた。きのうもらったリストの残りに電話をしている。もちろん、断られる。指導担当の小太りの男には「もっとがんばれ」とどやされる。あまりにも誰もがすぐに電話を切ってしまうので、どうしたらいいかわからず、電話の声もくもりがちになり、鋭い目をしていた課長が切れかかっていた。

「おい、小林、何様のつもりなんだ」

「申し訳ありません」

「申し訳ないじゃすまない」

何も言うことができなかった。

昼食後、私はほとんど電話をかけることができなくなっていた。電話をかけても、声がうまく出ず、ろくに何も言えなくなった。顔も青くなっていた。

「しょうがない。このへんの銀行や証券会社をめぐって外貨投資の商品のパンフレットをもらってこい」

会社を出て、いくつかの金融機関を見て回る。第一鉄鋼ビルの中にあった野村證券に入るときは、おじけづいた。パンフレットも、もらえたかどうか覚えていない。

次にその斜め向かいにあるみずほ信託銀行に行く。対面で案内してもらえる場所があり、そこに座った。

「外貨建ての商品について教えていただきたいのですが」

向こうも困っただろうか。自信のなさそうなサラリーマンの男が、たどたどしく聞いてきたのだから。

外債の投資信託や、信託商品を紹介された。

その他にもいくつか日本橋界隈の銀行や証券会社を回って帰ってきた。

会社に帰ると、課長が「また電話をかけろ」と言ってきた。電話をかけても、うまくできない。相変わらず話せない。

課長は、目をひんむいて怒鳴った。

「おい、なんのために貴重な勤務時間内に外に出してやったと思っているんだ。本来ならば稼ぎに回っている時間だぞ。まだ一円も稼いでいないんだぞ」

何も言えなかった。反論したら、さらにきつく締め上げられることがわかっているからだ。

「しょうがない。さっきあちこち回ってもらってきたパンフレットを読んでいろ」

銀行や証券会社でもらってきたパンフレットを読み、それと自社製品との違いについて考えたが、その当時はいまよりも金融知識がなく、結局のところよくわからなかった。

終業後のミーティングで「人格に問題がある」

小太りの男からもらったリストについても、なぜ断られるのか、だんだん様子がわかってきた。おそらく、どこかの投資家名簿であり、しかもその男がすでに営業電話をかけて断られたものであるようだ。

電話をかけてもあっさり断られるのもしょうがないと思うと同時に、あらかじめ断られそうなところに電話をかけさせる、というのはひどいと思ったが、そうやって叩きこむのもこの会社の流儀なのだろう。

「ずいぶん時計を気にしているな。腕時計ばかり見ているんじゃない」

小太りの男は言った。

「ええ、時計が目に入るところにはないので」

と私は答えた。すると小太りの男は、

「じゃあ、これをあげる」

と小さいデジタルの置き時計をくれた。

だいたい十九時を過ぎると、課ではミーティングがあり、そのたびに私はアポが取れないことや、勤務態度が悪いこと、そして人格に問題があることを指摘され続けた。

入社してすぐであるものの、昼休みに外に出ることが救いになってきた。昼食を取る際には持ち帰り弁当の店やコンビニで買って会社で食べることはなく、基本的には外で食べた。しかしあまりよく知らない街のため、だいたい食べるところは限られてきた。

食後には、決まって書店に行った。東京駅八重洲口構内の栄松堂で鉄道書を見ることもあれば、八重洲ブックセンターでいろんな本を手に取ることもあった。八重洲ブックセンターに行きたいがために、ちょっと高めの同店の喫茶店で食事をすることも多かった。食後は書店内を見て回り、十二時三十分の昼休み終了時刻までには会社に戻った。会社に戻る途中、八重洲口の新光証券の電光表示が目に入るものの、近いようで遠い世界に感じた。

この一週間は、だいたい会社では電話かけを行い、十九時過ぎにミーティングを行い、怒鳴られ、締め上げられるのが恒例になっていた。

求人票にあった、「朝九時出社、十八時退社」というのは、気配すらなかった。

求人票は形だけ、ということを身をもって知った。会社は平気でうそをつく。働いている人ならあたりまえのことを、ようやく知った。この社会は、うそで成り立っている。

新人歓迎会

金曜の夜、会社で新人歓迎会が行われることになった。当日は十九時過ぎには仕事は終わり、八重洲口地下街にある個室居酒屋に向かった。本当は行きたくなかったのだが、新人が行かないと本当にまずいことになってしまうため、行くことにした。会社では、個人の選択権なんてものは、ないのだ。

謙虚さを装うべく、入り口そばの末席に座った。同じ営業二部に配属された同僚は、奥の隅っこに座った。この同僚は、中国から日本の大学に留学してそのまま日本で働くことになった人である。喫煙者で、強そうなタバコを吸っていた。

同じ営業二部からは十二人くらいが参加しただろうか。全員が参加したわけではない。指導担当の小太りの男も、参加しなかった。課長は参加した。

なるべくおとなしく、存在感を消して、しかし気は利くようにする、という方針でその場に臨んだ。副部長は愉快そうな顔で「本日は無礼講だ」と言ったものの、それをそのまま信じてはいけない、ということは想像がついている。

お酒は飲み過ぎず、しかしウーロン茶なんかも頼まない。ビールをちびちびと飲むと、目立たないのだ。

歓迎会では、新人の二人を差し置いて会社内でのうわさ話や、人事の話をしていた。こちらは人に気を使い、悪酔いしていた。

会が終わると、課長は言った。

「あす、休んでもよい。二日間ゆっくり休養を取れ」

中国から来た同僚の担当課長は、「あしたも頼むよ」とその同僚に言っていた。

翌日は休息を取り、日曜日にはある新聞社の入社試験を受けた。

「アポも取れない奴は人間じゃない。死ね」

月曜日に会社に行くと、課ごと場所を移るように指示されていた。課がある机の列から、別の列に移動することになった。同時に、課の人数が二人増え、課長含め五人になった。

「おい、席を移動するぞ」と出社してすぐに言われるといったい何があったのかと感じ、理由がわからなくて混乱したものの、それが社のルールだろうとあきらめるしかなかった。

新しい二人は、いかにもやり手の営業マン風の男と、眼鏡をかけた癖の強そうな、陰険そうな感じの男だった。

その二人が係長や主任として私の上に立った。指導係は、小太りの男で変わらなかった。

電話かけのリストは、小太りの男が指定したリストから、電話帳へと替わっていた。特色のある電話帳ではない。一般にＮＴＴが配布している、ハローページである。会社内には、東京周辺の神奈川・千葉・埼玉といった各地域のハローページが転がっていた。その中から適当なものを選び、さらに適当なページを勝手に選び、そのページの最初から最後まで電話をかける。部長や課長による割り当てなど、一切ない。

順々に電話をかける。もちろん、断られる。

「とにかく話してもらえるように進めてみろ」と言われる。

こちらが断られそうになると、小太りの男も陰険そうな男も、「粘れ、粘れ」と言っていた。

そして断られると、「このクズ」と言ってきた。

「おい、粘れといったんだ。アポも取れない奴は人間じゃない。死ね」

そんな感じで一日が終わり、電話した件数を陰険そうな男に聞かれた。

「お前、何件かけた」

「わかりません」

「大体でいいんだ。今度から目星をつけろ」

「はい」

「ちなみに何件くらいか」

数え始めた。

「百五十件くらいです」

「てめえ、何考えてるんだ。少なすぎるぞ。仕事してねえってことだぞ。一日に四百件から五百件くらいはかけないと契約が取れないぞ。しかも、資料を送れたのが一件だけだよなあ。お前、何様のつもりなんだ。死ね」

恐ろしい剣幕だった。

言い返したかったが、立場上言い返せず、言い返したら何を言われるかわからないので、黙っていた。

そこで課長が、ミーティングがあるから会議室に来るように、と言ってきた。小さな会議室に入る。この会議室は、面接で使われた会議室だ。

「全員、きょうの成果を言うように」

それぞれが見込み客やアポの数を言った。私は、見込み一件、と言った。

「おい、少なすぎるぞ。何やっているんだ。お前は働いているんだぞ。働いているということは、成果をあげなくてはならないということだぞ、なめとんのか」

「わかりました」

「わかったと言ったな。よく覚えておくからな。第一、お前は土曜に休んだだろう。○君（中国出身の新入社員）も、ここにいるみんなも、土曜日に働いていたんだ。お前は何様のつもりなんだ。自分の立場を考えろ。わかったら返事しろ」

いいえそうは思いません、あなたの言うことは理不尽です、と答えたくなったが、そう言ってしまうと何をされるかわからないので、「はい、わかりました」と言うしかなかった。

その後、見込み客への取引の案内状を送るための作業をした。夜二十時を過ぎると、先輩や上司が少しずつ帰っていく。ころあいを見計らって帰ろうとする。課長は言う。

「明日から朝七時に来い」

すでに二十一時を過ぎていた。

家に帰ったら母に電話し、事情を説明して「朝五時に電話して起こして」と頼んだ。母は幸い了解してくれた。

本当は、会社員になったら自己管理ができなくてはいけないのだ。しかし、遅い時間に眠り、たりない睡眠時間で目をさまさなくてはならないというのは、大変難しいのだ。母には申し訳ないことをしたと思っている。

電話帳を使った無差別営業

朝五時に起き、起きたことを報告するために実家に電話する。目を覚ますためにシャワーを浴びて、背広に着替える。『朝日新聞』は自宅に届いているが、読む時間がない。何も胃に入れず、出かける。

おなかがすいていると、つらい。会社で朝食をとってもいいと言われているので、三鷹駅近くのサンクスでおにぎりとお茶を買う。六時ごろの中央線に乗る。しかし会社では食べる余裕がないので、車内で立ったままおにぎりを食べた。東京駅に六時四十五分ごろにつき、その足で会社へ向かう。途中のキヨスクで、リポビタンDを買う。

会社につくと、掃除をする。営業二部の全社員の机を新入社員三人で分担してふく。いつのまにか、一名加わっていた。掃除をしていると、役職が上の人がどんどん集まってくる。会社で『日本経済新聞』を購読している人の机に新聞を配付する。七時三十分ごろになると、だいたい全員が揃い、日経の読み合わせをする。その際に、ひまわり証券という会社が毎朝ウェブに公開している、為替についてのレポートを上司のパソコンからコピーし、配付する。

読み合わせといっても、意見交換をするわけではない。単純に、みんなが同じ新聞を読んでいるだけだ。それを参考に、営業の材料にするようだ。だが、上司は「きょうの日経にこうあるから、その方向で営業をするように」という話はしない。副部長と部長は『日経金融新聞』も読んでいるものの、それを生かした話はついぞ聞く機会がなかった。

私自身は大学時代に日経新聞を購読していたことがなく、会社に入って読むようになり、はっきり言ってどう読めばいいかがわかっていなかった。とりあえずマーケット総合面は読み、書いてある内容はわかるものの、どこが「ツボ」なのか見当がつかない。先輩社員からは、内容はわかっているな、という無言の圧力がかかる。

のちに振り返ると先輩社員もしっかり理解していたとは思えないが、当時は上が怖かったため、必死で理解しようとしていた。

私のいた課には仕事の時間割がある。朝八時から「プッシュ」と呼ばれる見込み客への強引な電話営業が行われる。四十分間それを行い、十分間休憩し、八時五十分から「テレコール」という無差別電話営業が行われる。ハローページの適当なページをコピーし、そのページの端から端まで電話をひたすらにかけ続ける。かける際には、決まった台本を読みながらかける。電話を受けてからのパターンも決まっている。その通りにしないと、先輩社員から怒られる。

四十分間の電話勧誘のあと、十分間の休憩に入る。最初、休憩時間を無視してトイレに行っていたら、「オイ、何のために時間割を設定していると思ってんじゃ、ボケ」と言われたので、尿意を四十分で催すようにし、毎回の休憩ごとにトイレに行っていた。トイレでは、なるべく個室に入り、携帯電話の画面を眺めて落ち着くようにしていた。

これ以降、一ヵ月はこんな感じの日々が続く。

昼休みだけが息抜き

十一時三十分になると昼休みに入る。ちょっと昼休みとしては早いと思われるが、東京証券取引所の前場《ぜんば》の終了時刻であり、株式市場に関係している人たちはこの時間から昼休みをとることが多い。

昼休みは、数少ない息抜きの時間だった。会社でコンビニや持ち帰り弁当店の弁当は食べず、会社の誰にも会わないように絶対に外で食べることにしていた。

お気に入りの店は、八重洲ブックセンター内にある喫茶店だった。ランチは八百円程度と高かったが、それでもその後にこの書店の中を一通り見て回れるのは、救いだった。

他にも、夜は居酒屋をやっているような店で、六百円くらいで小さいうな丼とうどんのセットを出してくれるところがあった。そこにもよく通った。

いつも、胃にやさしそうなものばかり食べていた。うどんやそばといったものが中心だった。その際に、かばんを持ちだして中に本を忍ばせていく。よく、古本で買った小説を読んでいた。その時間が救いであり、心休まる時間であった。

食後、十二時三十分の午後の業務開始時間までに会社に戻らなくてはならない。しかし、なるべく早く戻らないようにしていた。東京駅構内の書店などに寄り、本を見る。当時は鉄道書に強い書店が八重洲口にあり、そこをよく見ていた。

昼休みが終わると、午前と同じペースで電話をかけ続ける。十九時四十分ごろまで、電話をかけ続ける。それが終わると、見込み客へのダイレクトメール発送作業を行う。会社からの案内状に丁寧にメッセージを書き入れ、名刺も添えて送る。事務職の女子社員の机の上においておけば、投函してくれる。

ただし、翌日の事務職社員の帰宅時に投函されるため、電話をかけてから二日後にポストから回収され、三日後に届くことになる。それだけ営業のチャンスを失っているような気がしてならない。事務職員は十八時には帰宅してしまうので、仕方がない側面もあるが。

同じ時間帯に、課内の会議が行われる日もある。会議の内容は、課長が課員に「今日の成績」を言わせ、そのよしあしを言い、ダメな人はなじるというものだ。

二十一時になって、ようやく帰宅できる。この時間帯は社員でだらだら無駄話をするのが慣例であった。帰り方にも見えないルールがあり、部長より先に帰ると後日怒られた。「この部では、俺がルールなんだ。俺よりも先に帰る奴は、許さない」と言っていた。

為替営業の実態

ここから先は、内容を整理しながら語っていく。似たような毎日が続いていたため、かいつまんでまとめながら説明していくしかない。

電話をかけてプッシュを繰り返していくと、やがては見込み客の自宅を訪問できるようになる。

その前日は、ロールプレイング（ロープレ）という練習を仕事終了後に繰り返していた。

会社の紹介や営業資料を入れたクリアーブックを見せながら、顧客の前でセールストークをする。名前を言い、名刺を渡し、資料を見せながら説明する。その際に難しい為替取引の話はせず、高金利の話をする。四年間預けていれば数百万円にもなる、と説明する。為替の変動の話は、ドルが上がる、つまり円安になる場合の話をする。例えば一ドル百五円が百十円になる場合、これだけ儲かって、という話だ。

実際のところ、為替相場はそんなに単純なものではない。先輩からは、「客はそんな難しいことはわからないのでとにかくドルに換えて預けておけば高金利が得られる」と説明しておけ、と言われていた。実際にそれを示した営業資料もあった。

英ポンドや豪ドルなどの説明はしないばかりか、ユーロの説明さえもしなかった。とにかく、ドルを買ってもらう。その一点に集中して説明するよう、言われていた。

千葉県の見込み客のところに、実際に行ってみる。出てきたのは二十代前半くらいの感じの人で、いささか頼りない。「若いうちから投資に関心を持つのは大事ですよ」とセールストークしてみるも、本気でそんなことは思っていなかった。

また別の千葉県の見込み客のところに朝押しかけたら、見込み客が頑として出なかった。このときは副部長に無理やり「行け」と言われて行ったものの、相手にもしてもらえなかった。そのときはまだ朝早い時間であり、一体何をやっているのか、という気持ちになった。

その上、交通費すら出してもらえなかった。社内の内規で、見込み客に会った場合だけ交通費がもらえた。

電話をかけ、資料を送り、プッシュをし、その中で会ってくれそうな人に会いに行っていた。先輩社員の中には一日に一回程度は外出できる人も多かったが、私はとてもそんなことはできなかった。先輩社員の監視のもと、ただひたすらに電話をかけていた。少しだけ息を抜こうとすると、「何やっているんだ」と罵声が飛ぶ。先輩社員の顔色をうかがいながら電話かけをしているので、気が抜けず、しだいに胃が痛くなる。

その上、夜二十二時過ぎに帰宅し、朝六時前には家を出るという生活をしているので、眠くて仕方なかった。しかしほとんどオフィスにいるので、眠たい素振りを見せることさえできなかった。私は胃薬と、カフェイン配合の錠剤であるエスタロンモカが欠かせなくなっていた。それでストレスと眠気をまぎらわしながら仕事をしていた。

ひたすら電話

会社内では、先輩同士の面白い会話があった。やり手の営業マン風の男と陰険そうな男の会話だ。

「○○さんは、為替はやっていますか」

「やっているよ。ネット外為でね」

「なんでネットでやっているんですか」

「うるさい営業マンが電話をしてこないからね」

電話で営業する仕事をしているのに、と突っ込みたくなったが、やめておいた。電話営業の営業マンが電話で為替の取引をしないほど、為替の電話営業の仕事は嫌がられているのか。

自分自身が嫌がられることがわかっている仕事をやっていて、それでいてその仕事を新人に教えこむときには、どなりつける。こういったことを平気でやる人間の精神がわからないが、実際にいるのに驚き、その矛盾にまったく苦しんでいないどころか、気づいてさえいないようだった。

その当時、ちょっと勉強にと思ってネット外為の大手・外為どっとコムの竹内淳社長が書いた為替の入門ムックを読んでいた。その中に、ネットで取り引きできない業者に注意することや、また二十四時間取引可能ではない業者の問題点が記されていた。

勤めていた会社は、その種の会社だった。為替の注文は電話で受け、注文を証券会社にファックスで送っていた。二十四時間取引ではなく、朝九時から十八時までしか注文を受けていなかった。社員はもっと早くから、そしてもっと遅くまでいるのに。

会社は、表向きはサクソバンクと提携していると宣伝していたが、為替の注文は、トレイダーズ証券で行っていた。その注文をメールや専用サイトで行うのではなく、一日に何回かまとめてファックスで行っていた。

為替は、刻一刻と変動する。大丈夫なのか、不安になった。

外為どっとコムについて調べると、社員数は私が勤めている会社よりも少なく、売り上げははるかによかった。その上、この会社が提供しているサービスのほうが、私のいる会社のサービスよりもよかった。

当時は、ようやくインターネットの常時接続が普及しつつあった。その中で、金融サービスとしてネットでの株取引や為替取引が証券会社などで提供されていた。

会社内でも、課長以上の役職の人の机にはパソコンが置かれており、これらの会社のサービス画面でドルやユーロの価格が直接わかるようになっていた。

だが、それより下の社員の机にはパソコンは置かれておらず、電話営業の際には現在の価格を見ることはできなかった。

ある時、電話勧誘をしていたら、「ドルの価格はいくらか」と聞かれた。日経新聞を取り出し、「昨日の東京終値では……」と答えた。すると「そうじゃない。いまの価格だ」と聞かれたので「えと……」と答えると、「なんだ、そんなこともわからないのか」と切られた。

先輩には「おい、お前はそんなことも知らないのか、クズ。携帯で見られるんだよ」と言われて、外為どっとコムが運営している「バーチャルＦＸ」の携帯サイトを教えてもらった。

そうだ、携帯でも為替取引ができるのか。当時はまだｉモードの時代だったが、携帯電話からも株式や為替の取引ができるようになっていた。大学時代に友人が講義中に携帯で株をやっていたのを思い出した。

そんなネットと金融の状況からも遅れ、古典的な人力による電話営業を、勤務先の会社では行っていた。

しばらくして、ネット外為をやっていた先輩社員は、会社からいなくなった。退職したのだ。

様子を探ってみると、副部長の方針に異論があり、それでやめたようだ。課長は慰留していたが、結局やめた。その人がやめたのを私が知ったのは、やめたその翌朝である。

もともとは不動産の営業をしていた人だった。私に向かって「おい、東急リバブルって知っているか。不動産販売では大手の会社だぞ。お前なんかじゃ決して入社できないぞ」と言っていた。また「お前は仕事ができないから、いまのうちに職を探しておけ」と言っていた。勤め始めて一ヵ月も経たない社員にそう言うのは、パワハラ以外の何物でもない。

退職後は不動産の営業に戻ったようだ。

叱責といじめ

毎日毎日、見込み客の少なさと、電話営業の下手さを会社では責められる。というより、なじられる。

「電話口でどもるな。おかしなやつから電話がかかってきたと思われて新規が取れないぞ」

課長は言う。確かに電話をすると不審な感じの電話になる。電話をすることが苦手なことに加え、緊張し、さらにうまく話して見込み客にしようと思うと、どうしても頭のなかで混乱する。それがだんだんひどくなっていき、無理やり大きな声を出して電話するようになる。それでも電話をかけるのはダメだ。さらに責められる。

最初の指導係で、デジタル置き時計をくれた小太りの先輩社員が他の課長の課に移ることになった。もっとも、移ったのを知ったのはその当日の朝で、課長は「戦力にならない奴は課を出てもらう」と言っていた。恐ろしい。そして陰険そうな男が新しい指導係になった。また、課長よりもずいぶん歳をとった、老け込んだ男が新しく課に入ってきた。

いつもどおり早朝の中央線の中で朝食をとり、出社して、掃除をしていると、机のふき方が悪いと怒鳴られた。

「四角い机を丸くふく奴があるか」

確かにその通りだが、四角四面にふかなくてはならないようだ。

暗に、心がけの悪さをたしなめているようだった。

『日本経済新聞』の読み合わせをしていると、老け込んだ男は言った。

「小林は、日経を読むよりも、スポーツ新聞を読んでお客さんとの会話のネタにしたほうがいいんじゃないかな」

もっとも、この老け込んだ男から教わったことは多い。実質的な教育係となり、電話のかけ方や社内での振る舞い方、人との接し方を教わった。

だからといって、私の社内での「カースト」が上昇したわけではない。相変わらず、小馬鹿にされ、いじめられていた。

「小林は気持ち悪い」「小林みたいになるな」「転職先を探しておけ」「童貞のくせに」などなど、言われた。なお、当時すでに童貞ではなかった。

「オタク」「キモイ」「メイド喫茶には行ったか」などというのもあった。会社は、私をいじめることでまとまっているようであった。他の新入社員は、そんなことは言われなかった。

もちろん、電話営業では見込み客すら取れない。

求人票では会社は週休二日となっていたが、みんな土曜日も出社していた。土曜日は朝九時ごろまでに出社し、午後には仕事が終わる。だが、「小林が見込み客を取るまで課の全員を帰さない」ということで、電話営業を続けていった。

先輩が見込み客を取っていくのにもかかわらず、私は電話をかける相手に軒並み断られ、夜十二時まで残された。ビルの閉館時間だった。

「お前、身の振り方、考えておけ」と課長は言った。

新入社員の、しかも試用期間のうちにそんなことを言われる。試用期間でも簡単に解雇していいわけではなく、こうなると恫喝でしかない。

以前勤めていたシステム開発の会社を思い出した。あの場合は解雇でさえなく自己都合退職にされた。

そんなこともあってか、いくつかの個人加盟ユニオンの住所と電話番号を手帳に控えていた。なにかあったときには、いつでも駆けこむことを想定していた。

夜は寝つけない。このころはナイト・キャップとして中島みゆきのCDを聴いていた。その中でもよく聴いたのは、『生きていてもいいですか』だった。一九八〇年に発表されたこのアルバムは、「真っ暗けの極致」と言われたものである。このアルバムを聴くと、魂の救済が得られるような気がしてならなかった。

「うらみ・ます」という泣き叫びながらふられた相手への怨恨を叩きつける歌に始まり、「泣きたい夜に」「キツネ狩りの歌」と続く。外国人娼婦を歌った「エレーン」、そして故郷喪失者を歌った「異国」まで行くと、たいてい寝つけている。もしこのあたりの歌まで寝つけずにいると、翌朝は大変なことになる。

休日は吉祥寺のブックオフによく行った。安い文庫本を漁ることが多く、そのなかでも五木寛之のエッセイはお気に入りだった。五木のエッセイを行き帰りの電車の中などで読むと、心が休まる。

他に、休日は掃除などをしたりして過ごした。メイド喫茶には、行く気になれなかった。

残業手当はなく、歩合だけ

月曜日に会社に行くと、課長に言われた。

「おい、小林、隣の課に移れ」

先日のテレコールの結果があまりにも悪かったためだろう、そのメンバーからはずしたようだ。新しい課には、課長以下私を除いて二人しかいなかった。神経質そうな、陰険な顔をした課長と、高圧的な態度のでかい小太りの係長。態度のでかい係長は言った。

「向こうでいじめられていたから、お前をこっちにひっぱってきてやったんだからな。ありがたいと思え」

怖い人だなあ。そういうことを言う人は、自分もいじめをするのである。

「おい、小林、童貞か」

「はい」

本当は二十歳の時に好きな女性と愛を交わした。私のことを好きになってくれた人がいて、私もその人のことを好きになり、処女と童貞でセックスをした。そのあたりを説明するのは面倒くさいので、童貞ということにしておいた。

「新規を取れ。新規を取ってその歩合でソープにいけ。おまえは童貞を捨てないといい営業マンになれない。とにかく童貞を捨てろ。いい店は教えてやる」

まるで北方謙三のようなことを言う。

会社には、残業手当がないものの営業成績に応じた「歩合」というものがある。新規のお客様の入金額の十パーセントを成果給として支給するものだ。この会社だと百万円から取引開始なので、歩合は最低十万円となる。

「童貞なんて何の意味もない。早く捨ててしまうに限る。童貞なんて、ろくなもんじゃない」

係長は言う。さらに新しい課長は言った。

「小林はオナニーは左手でするのか右手でするのか」

「どうしてそういうことを聞くのですか」

「そういうのも会社のコミュニケーションとしては必要なんだ。左手か右手か」

「左手です」

これはもう、セクハラの域に達する。

そもそも、童貞か否かなんて、本当に重要なことなのか。会社の仕事をしていく上で、何の意味があるのか。

童貞を差別する言説は当時もいまもある。しかし、愛という私的領域にまで介入してくる会社は、解せない。

俺はなあ、ソープで童貞を「捨てて」きたんじゃないぞ、愛し合う女性に童貞を「捧げて」きたんだぞと怒りたくなったが、ややこしくなりそうなのでやめておいた。

もちろん、そのころ彼女がいなかったのは事実だ。しかし、この会社のように平日は夜遅くまで働き、土曜日も出社し、休日は倒れこむだけという会社で、どう彼女を作れというのか。

前の課長は言っていた。

「この会社では、朝早くから夜遅くまで働き、休日は倒れこむように眠るのが当然のことなのだ。もちろん、病院に行くなどという甘えた考えは許されない」

病院に行くときは、倒れたとき、そして会社をやめるとき。働けるだけ働かせて、倒れたら切り捨てる。その中で社内ではエロ話まで共有し、上には絶対服従しなくてはならない。生きるためには、当然のことなのか？　私自身は、ストレスでまともに勧誘電話さえかけられない状況になっていた。

その状況を見て、上の人は「もっとまともなテレコールをしろ。客の取れる電話のかけ方をしろ」と監視している。

そこに、私に童貞かどうかを問うた係長から新しい指示が入った。

「プッシュをやれ。そしてそれで客を取れ」

朝はプッシュの時間だった。しかし、毎日プッシュしているわけではなかった。そんなに見込み客もいなかったからだ。だが、この先毎朝、無理してプッシュをやっていた。大声を出し、「大変なんです」と煽り、ちょっとした為替の動きも、大変なことのようにして見込み客に知らせる。実際は大した話ではない。

プッシュしている中でも一件、見込みがある客があった。

横浜市の港南台にある、その見込み客の家に行くことになった。

「そちらにぜひ伺いたいと思います。現在近くにいるもので」と電話をする。実際は、東京駅八重洲口近くのビルから電話をしている。

すると「いいですよ」という。港南台まで係長と京浜東北線・根岸線に乗り、訪問する。玄関先で一通りの営業トークを行う。係長は私のやる営業トークを見ており、指導する。

帰りは港南台からいったん大船に出て、そこから東海道線に乗って帰る。

見込み客の家を訪問

その見込み客に再度プッシュをすると、取引を考えてもいい、と言われた。そこで、係長と再度行くことになった。

見込み客は土曜日に在宅しているという。会社に行き、係長と社用車で向かう。社用車で向かうのは、当日に現金を預かって帰らなくてはいけない場合を想定しているからだ。

「おい、朱肉と印鑑マットを持っているか」

係長は言った。そんな話は、聞いていない。

「いえ、持っていません」

「困ったなあ。何考えているんだ。今度買っておけ」

首都高速道路で神奈川県に入り、港南台のスーパーの駐車場に車を停める。

「買い物をすれば、無料になるようですね。係長もなにか家のものを買っていってはいかがですか」

「いや、そんなけちくさい話、いいよ」

一旦坂道を降り、また上って見込み客の家にあげてもらう。

ロープレでやったようにノックをし、家の戸を開ける。

「こんにちは」

中年の女性と、犬が迎えてくれた。二人で家の中に入る。靴をそろえる。

「小林です。よろしくお願いします」

「小林の上司の◯◯です」

二人はあいさつする。

世間話をする。見込み客の女性は、税理士だという。口ぶりから推察するに、結構稼いでいるらしい。

そのあと、取引の説明に入る。説明は、ほとんど係長がしてくれた。私は口元に力を入れ、強い笑顔を見せていた。

係長の説明は、ドルが上がった場合に「買い」で利益を得る方法と、スワップ金利を長年貯め続けた場合の利益の話が中心だった。会社ではドルのほかに、ユーロ、英ポンド、スイスフラン、オーストラリアドル、ニュージーランドドルを扱っていたが、その説明はさらりとしただけだった。

当時はドル円が百五円くらいだった。いったん百四円くらいに落ちたものの、ドルの価格は上昇を続けた。

説明の間、犬がじゃれついてくる。動物一般が苦手だった私は困った。係長が犬をあやす。それを見て見込み客は、大いに喜んだ。

そして契約へ。係長は、約諾書（株式の信用取引やFX取引、各種デリバティブ取引で顧客と業者が交わさなくてはいけない書類）について説明し、印鑑を捺させた。お金は、振り込んでもらうことになった。

お客様から笑顔で家を送り出してもらう。家から車までの道で、係長は言った。

「あのとき犬を嫌がっていたら契約はなかったな」

駐車場から帰りの社用車に乗る。係長はこのあと用事があるとのことで、蒲田で降ろされた。

約諾書は、家で一日あずかることになった。重要な書類なので、なくしてはいけないと思い、びくびくした。

話術がすべて

五月に入り百万円が会社に振り込まれた。中年の女性のお客様と一緒に資産を増やしていける、とわくわくしていた。その際に課長は言った。

「もう、お前はあのお客様と関わるな。あとはこっちでやる」

お前は用済みだ、と言わんばかりの顔だった。

自分が新規開拓したお客様は自分が担当になるものだろう、とばかり思っていた。どうやら、部長や副部長が担当するらしい。自分でも一生懸命為替を勉強して、このお客様を儲けさせようと思っていたのに、残念だった。

課長はその女性のお客様のところに行き、預けてもらう証拠金の増額をお願いしてきた。おそらく課長の長年鍛えられた営業トークによるものだろう、三百万円預かってきた。

「これが優れた営業なんだよ」と係長は言った。

プロの話術はすごいと思うと同時に、自分はキャッチセールスのようなものにすぎないとさみしくなった。証券会社のように、顧客と関係を深く結んでいくことができない。

まわりを見ても、ほとんどの一般社員が新規開拓営業ばかりをしている。毎日、各種名簿や電話帳を見ながらずっと電話をかけている。これでは、為替の知識や取引能力よりも話術のほうが大事になってしまう。

母へのプレゼント

そのころ、昔お世話になった就職予備校の先生から電話があった。

「鉄道について詳しい奴を集められるか」

話を聞いてみると、『週刊ＳＰＡ！』という雑誌で、鉄道についての座談会をやるらしい。大学時代の鉄道研究会の後輩を二人集めた。

座談会はゴールデンウィーク中の五月三日に行われた。さすがにゴールデンウィークは会社は休みだったのだ。新宿の個室居酒屋の一室で、料理のコースを食べながら行われた。当日は、私たち三人の他に、駅弁に詳しい人が来ていた。

座談会の内容は、ＪＲ西日本の尼崎脱線事故についてのものだった。ＪＲの過密ダイヤの問題にも触れていた。

この企画の担当編集者は、北村尚紀氏だった。北村氏とは大学時代、会ったことがある。北村氏の前職は『週刊金曜日』編集部であり、大学時代の友人の関係でその雑誌の編集部の人とは何人か会っている。

座談会後、新宿の三越で母にプレゼントを買い、帰省した。

母に、新規のお客様を獲得したことを報告すると、喜んでくれた。

「税理士なんて人を、新しいお客様にするなんて、偉いね」

そう言われると、嬉しくなった。

上司は「クズ左翼。産経読めよ」と

ゴールデンウィークも終わり、会社に行くと、顔をぎらつかせた係長から言われた。

「六月末になると歩合が入るぞ。歩合が入ったら、ソープに行け。ソープに行って、性格をスッキリさせてこい。人間を変えてこい」

「いや、歩合は貯金しておきたいもので」

私は逃げるように、ごまかすように言った。

「そんなのはダメだ。ソープに行け。いい店を紹介する。女を知らないとダメだ」

「貯金しろと母に言われたので」

「金は使わないとダメだ。使っただけ入る。使わないと入らない」

ソープには行きたくない、第一私は童貞ではないと言うのも面倒なので、何も言わないでいた。

このころ、中日新聞社の筆記試験を受けている。その結果が気がかりだったが、もし面接を受けられることになっても、どうやって行こうかと考えていた。

毎朝の『日本経済新聞』の読み合わせも、苦痛だった。当時、同紙の連載小説は、渡辺淳一「愛の流刑地」だった。この小説の大胆な性描写が話題になっており、私自身はどう目をそらそうか、言いかえればその小説が話題にならないかとびくびくしていた。必ず、矛先が私に向けられるからだ。係長はにやにやしながら言った。

「おい、小林『愛の流刑地』読んでいるか」

「読んでいません」

「うそつけ。顔に読んでいると書いてある。読んでいるだろう。この変態。スケベ」

課長も言う。

「一度ソープに行って女を知ってこないとあかんぞ」

部長も、

「小林はメイド喫茶に行くのが好きだからな。そういえば先日床が鏡張りのメイド喫茶が池袋にできたそうじゃないか。行ってみたか」

という。いいかげんにしてください、といいたくなるのをこらえる。

「そう言えば小林は家では何の新聞を読んでいるのか」

と係長が聞く。「朝日です」と答える。

「おい、朝日かよ。この左翼！　あんな左に偏った新聞を読んでいるから、お前はダメなんだ。だいたいうちの会社は右翼傾向なんだ。クズ左翼。産経読めよ、産経。産経はいいぞ。この国を愛している新聞だからな」

と係長。自宅で読んでいる（そのころは実際は読む時間がなくて積んであるだけだが）新聞まで責められるとは、思ってもいなかった。

「小林は朝日を読んでいるのか。あんなもん、日本人の読む新聞じゃねえよ」という声も出た。

さらにまわりからは、「なんでお前みたいなクソ左翼がこの会社にいるのかよ」とものしられる。

私自身は、自宅で読んでいる新聞を普通に言っただけなのだ。それも、マイナーな新聞を言ったわけではない。日本で二番目に部数の多い、一般的な新聞のことを言ったのだ。だいいち、『産経新聞』のほうが部数は少ないではないか。その当時も、すでに東京では産経新聞の夕刊はなかった。

罵声を浴びながらも、なるべく気にしていないようなふりをしていた。購読新聞まで否定されないと会社で生きていけないのか、とも考えたが、もうどうにもならなかった。私をいじめることで、会社は団結し、みんなが売り上げを上げようと努力できるのだ。

「朝日読むより、東スポ読め」と会社内から聞こえてきた。そしてみんなが小馬鹿にした笑い声を私に浴びせてきた。

そこには、私以外の連帯が生まれていた。

遅刻の罰

営業二部では、遅刻した人は罰として部の人全員にコーヒーをごちそうしなくてはならないという決まりがある。ドトールや、エクセルシオール、スターバックスなどでテイクアウトのコーヒーを買い、部の人全員に持ってくる。四千円から六千円程度はかかる。

一度遅刻した際、それをやらなくてはならなくなった。どこにその種のコーヒー店があるか、知らない。いったんみずほ銀行のATMに寄った後、適当に当たりをつけて行く。もっとも小さいサイズのアイスコーヒーを買い、会社に帰ると「なんだ、Sサイズか」と副部長に言われる。多分、嫌味で言ったのだろう。本当ならば、Mサイズを買うべきだったのだ。

それを全員に配る。みんな「どうも」くらいのあいさつしかしない。

私も、他の遅刻した人からもらったことがある。そのときはありがたかったが、そういうことなのかと納得した。

起き上がれない

ある日の朝、体が痛くて金縛りのようになり、動けなくなった。会社から何度も電話がかかってきていたのは音でわかっていたが、電話を取ることができなかった。十分に一回はかかってきただろうか。

昼過ぎになって電話を取れたが、体調が悪くて休むとしかいえなかった。「なんとしても来い」と副部長はどなりつけるものの、「無理です」というより他になかった。

だるさが体中を襲い、何もできなかった。

翌朝、会社に行くと会社中の人から叱られた。みんな冷たい目をして、憤りを強い口調で発した。

「会社を休むなんて社会人としての常識がない」
「しかも体が動かない？　そんなことがあるか」
「携帯電話を枕元に置いておけ」
「倒れるときは会社をやめるときだ」
「社会人として健康管理は基本なのに、それができないおまえはなっていない」
「よう、クズ。よく会社に来れたな」

などなど、といった感じである。

部署全員で、私を罵倒しようという意志が満々である。

それについて、何かを言おうとすると、「いいわけはするな」との声が浴びせられた。何も言えず、どうしようもなかった。

「かばんを昼休みに持ち出すな」

このころから心臓の痛みが止まらなくなった。電話をかける際にも声が出なくなり、なんとか絞り出しているような状態だった。

エスタロンモカや胃薬に加え、頭痛薬も常用するようになっていた。そんなある日、八重洲地下街の薬局で「どうき・息切れ」向けの丸薬を見つけた。「救心」ではない。薬の名前は忘れてしまったが、もう販売されなくなったものだ。それを祈るような気持ちで飲み、心臓の痛みが消えるのを待った。

楽にはなったものの、これは一日に何度も飲んではいけないようなものだった。つらいときには、この薬も飲むようになった。

さらにつらくなるできごともあった。昼休みには本を持っていくためにかばんを持ち出す。昼食後に書店などを見て回るために、本を入れるかばんが必要だ。しかし、それにも文句がつけられた。

前にいた課の陰険そうな男が、「昼休みにかばんを持ち出すとはどういうことか。帰ったり逃げ出したりしたとみなされても文句は言えないぞ。かばんは置いていけ」と言う。

「いえ、本を持っていくのに、必要なのですが」

と哀願するように言ったら、

「だったら本を裸で持っていけばいいだろ。何考えてんだ、クソ」

と、吐き捨てた。

何も言えなかった。その後は文庫本だけしか会社に持って行かないようにした。文庫本だと、背広のポケットに入れられるからだ。

だんだん昼休みに八重洲ブックセンターに行くことが多くなった。特に、出版やメディア関係のコーナーには何度も行くようになった。

投資や金融の本をチェックしてもその本で学んだ知識が仕事に生かせるような状況ではなく、毎日電話かけばかりしているのだから話し方についての本を見ればいいものの、実際にそういう本を買って持って行くと一笑に付される。

そんな中、漠然とこんなことをやりたいなあ、と思いながら手にとったのは樋口聡『フリーライターになる方法』（青弓社）だった。八重洲ブックセンターのあたたかい日の差す出版関係のコーナーで、偶然見つけた。世の中にはこんな仕事もあるのか、とは思ったものの、そんな仕事をすることが果たして可能なのだろうか、とも考えた。

そのときはその本を書棚に戻したものの、頭の片隅には残った。

必死で勉強したのに

しだいに電話ができなくなる。声がまともに出なくなり、どもるようになる。朝のプッシュもできなくなり、係長に「おい、プッシュはできないのか」と責められた。

「できません」と答えるしかなかった。すべての見込み客に断られ、それどころか罵られ続け、もうプッシュをするあてもなく、しかたなく新規のテレコールをしているのだった。

それでもプッシュをしろ、と係長には言われる。「もう無理です」と言った。係長は「勝手にしろ。もうお前には何も教えない」と言った。

それから一週間、私は無視され続けた。

仕方なく係長に「どうしたらいいでしょうか」と聞くと、「俺の言うことを聞けばいいんだ」と言われた。

そんな中、電話帳のコピーを見ながら順々に電話をしていたら、英語の参考書の著者として知られている中原道喜氏の電話番号をみつけた。かけてみると、奥様が出た。

一通り営業トークをしたあと、「英語の参考書の中原先生のお宅ですか」と聞いてみる。すると、そうだという。

「高校時代、先生の『基礎英文法問題精講』をやりました」

「ああ、そうですか。ありがとうございます」

高校時代、予備校時代はいろいろと参考書を使って勉強したものの、その努力が生かされないような仕事をしなくてはならないことが、つらかった。

実際には中原道喜氏の参考書は途中で挫折した。山梨県有数の進学校である駿台甲府高校のころに一生懸命取り組んだのは、伊藤和夫の参考書だった。『新・英文法頻出問題演習』や『ビジュアル英文解釈』（ともに駿台文庫）で勉強し、さらには高校のカリキュラムも伊藤和夫の構文主義に基づいていた。そして浪人して通った駿台予備学校は、伊藤和夫直系の構文主義の牙城である。

必死で勉強したのに、なぜ怒鳴りつけられながら電話をかけなくてはいけないのか。理不尽な思いに駆られていた。勉強せず、怠惰だった結果なら、しかたがない。この会社にも、元ヤンキーなどはいる。しかし、一生懸命勉強したのに、恐怖におびえながら仕事をしなくてはならない。

本当に、つらかった。

「就職氷河期世代」が受けた体験は、だいたいが理不尽である。一生懸命勉強してもまっとうな、まともな会社に入ることができず、その上会社ではゴミクズのように扱われる。

そこから抜け出したくても、またゴミクズのように扱われるのだ。

そのころ、筆記試験を受けた中日新聞社から電話があった。会社では当然出られなかったので、休憩時間に会社の外に出てこっそり電話をかけた。

ある日曜日の午前中に面接を設定してもらった。そうしないと面接が受けられないのだ。

部長はさらにしばきあげようと、竹刀を持ってきた。

「おい、お前ら、とにかく新規だ。一件でも多く新規をあげろ」

竹刀をバシバシと叩きながら、怒鳴り散らしていた。

もちろん、このころも土曜日は仕事である。電話で見込み客が取れないと、自宅に帰らせてもらえない。

「おい小林、お前会社やめたほうがいいんとちゃうか」と課長は言う。ほとんどの役職者にやめろやめろと言われると、やりようがなくなる。

そんな中、日曜日の午前中に中日新聞社の面接に行く。場所は、品川の東京本社だった。いまはもうない建物だ。

重厚なコンクリート造りの建物は、要塞のようだった。昭和の時代に建てられ、おそらくは昔は内部に輪転機があったのだろう。小さな、薄暗い控え室で面接を待つ。

ここで受からないと、あの環境からは抜け出せないのだ。

そう思うとどうしていいかわからなくなった。とにかく、面接を受けるしかないのだ。なんであれ、日曜日の午前なんて時間に面接を設定してもらえたのだ。

係員に誘導されて、面接室へと入る。面接官は、中年の男性二人だった。

一人は、いやに不機嫌な顔をしていた。「お前、何様なんだ」という顔をしていた。

「君はなぜうちの会社を受けにきたのか。会社に入ってすぐじゃないか」

理由を説明しても、わかってはもらえなかった。

「君は東京新聞を読んでいるか」

実はウェブで読んでいます、と言ったら、大変機嫌を悪くした。面接通過の連絡以降、毎日買い続けていたので、「駅で買っています」と言ってもよかったのだ。

中日新聞社の面接官は、若い世代がどんなに苦労しているか知らず、そういう人たちが面接にきても偉そうにしている。

中日新聞東京本社が発行する『東京新聞』は、特報面の評判がよく、一部方面からはジャーナリズム精神の高さを評価されている。二〇一一年の三月十一日以降、脱原発を主張し続けた紙面は、いわゆる「左派」の人たちから高く評価されている。

しかし、中日新聞社は東京新聞労働組合を弾圧し続け、かつ面接でこういった扱いを志願者にしていることは、案外知られていない。そのとき、この会社は二枚舌を使う会社であり、それを平然と押し付けている会社であると感じるしかなかった。

これ以降、東京新聞が表向きはどんなにいい報道をしても、信用していない。特に3・11以降の脱原発報道についても、冷ややかな目で見ている。

病院に行く

この日の翌日か翌々日か、また体が動かなくなった。朝、起きようとしても金縛りのようになり、会社からは何度も電話がかかってきたものの、出ることができなかった。

昼過ぎに横になりながら罵声交じりの電話に出た際、「医者に寄ってから会社に行きます」と返事をした。

だが、それでも体が動かない。なんとかして、日が暮れそうなころに三鷹駅前の厚生会病院に行く。

病院の先生に体が動かず、だるさと眠気が消えず、疲労感がひどい、という話をする。会社の話もする。「栄養剤やビタミン剤の類がほしい」と言うと、「栄養剤を飲んでも治らないと思います」と言われる。その際の先生の顔が、悲しげだった。

これは体の不調ではないのか。やめるしか、体調を回復させる方法はないのか。絶望した。

その日は結局、会社には行かなかった。

もしかするとやめるかもしれないと思い、インターネットで退職届の書き方を検索し、パソコンで作っておいた。

腹の中では、また何かあったらやめようと考えていた。

翌朝出社すると、非常におなかが痛かった。きりきりと締め上げられるような感じで、水しかのどを通らなかった。

そんなとき、誰かが遅刻してきた。遅刻してきた人は、コーヒーを部の全員にごちそうする決まりになっている。

しかし、私はコーヒーは飲めそうにない。おなかの痛みがひどくて全く飲めない。本当は何も飲みたくないのだが、胃に優しそうなものを考えた。

「小林さんは、何を飲みますか」

「……バニラクリームフラペチーノ……」

そういうと、副部長が、

「おい、小林、てめえ何考えてるんだ。そこに正座しろ」

と言ってきた。しばらく座らされたのち、

「お前には社会人としての常識がない」

と、書類で殴ってきた。何を言われたかよくわからなかったが、理不尽な思いがした。

「いえ、おなかが痛かったんです。なんなら飲まなくてもよかったんです」

そう説明しても、

「そんなこと知るか。ここは会社だ。自分の体調管理は自分でするものだ。ええかげんにせえ」

そのまま正座していることになった。まさか、おなかが痛くてもコーヒーを飲まなくてはならないのか。

この会社は詐欺だ

もうやめよう、と思った。さすがに、殴る上司のいる会社で毎日怒鳴られ、バカにされ、けなされていることもない。

第一、少し前に課長から聞いたこの会社の儲けのからくりはひどいものであった。当時、この会社のスワップポイントは一万ドルあたり三十円くらい。一方、外為どっとコムあたりのスワップポイントは九十円くらい。お客様から預かったお金を担保にしてお金を借り入れて外貨を買って、その金利を抜いているのだ。

それでは、詐欺師である。

課長や副部長、部長あたりからどんどん怒鳴られる。

「おい、お前は人間のクズか」

「わがまま言っているんじゃない」

「会社員としての基本的な姿勢がなっていない」

そのうち、コーヒーが届いた。スターバックスのコーヒーだった。

「小林さん、飲みますか」

「いいえ、とてもお腹が痛くて、それどころではありません」

みんなが「死ね、死ね」といった口調で私を責め立てる。

副部長が冷酷な目でこちらを見ている。

係長と課長に、言った。

「この会社をやめます。実は、退職届も書いてきたんです」

「ちょっと考えなおせ。俺が、お前の実家に電話するから。やめるのは、まだ早い」

係長はそう言って私の携帯電話を取り、実家の母親に電話をかけた。

いまの状況を説明し、変に褒めていた。母親からも何か言ってもらえないだろうか、ということだった。

その後私に電話を替わってもらい、母親にやめる旨話す。

このころまで毎日、必ず実家に電話し、会社の様子を話してきた。だから、ある程度会社の様子はわかっている。

それでなのか、すんなりと了承してもらえた。

しかし、係長と課長の慰留工作は続く。

「おまえ、このままやめていいのか。歩合がもらえなくていいのか。ソープに行けなくていいのか」

と係長は言う。

「やめたら、歩合がもらえなくなるんだぞ」

「いえ、別にいいです」

「このままやめて、挫折して人生を送ることになってもいいのか」

どんどん責められる。

「早く撤回しないと、路頭に迷うことになるぞ。お前の人生、これから先は負け続けだぞ。いいのか」

何も言えなかった。しかし、この会社で怒鳴られ続けている時点で「負け」なのだ。そしてその状況はどうにもなりそうにない。

退職の書類を持って、総務の人が私のところに来る。その際に、会社所定の退職届用紙を見せられる。Ｂ５である以外は、自宅で作ったものとほぼ同じだった。

その他にいくつかの書類にサインをし、形ばかりのお礼を副部長や部長、支社長にする。支社長はヤクザみたいな人だった。副部長には「社会人としての当然のことを言ったまでだ」と言われた。

係長に、「お前、この先どうするんだ」と聞かれる。

「ルポライターになります」

一笑された。

「おまえになんかできるはずもない。まあがんばれや」

その目には少しばかりの優しさと、大きな軽蔑がこめられていた。正社員ではない人は、人ではないと言わんばかりに。

紙袋に荷物をまとめ、「ありがとうございました」といって会社を去った。

胃や心臓の痛みは、消えた。病院の先生のいうことは、本当だった。

退職届を出して

会社のビルを出たあと、東京駅八重洲口の横断歩道を歩きながら大学時代の友人に電話した。友人は大学院に行くかたわら『週刊金曜日』編集部にアルバイトとして勤務しており、かつて会ったことのある編集者に取り次いでもらおうとしたのだ。

早速会えることになり、当時水道橋駅近くにあった編集部に行く。

大学時代に三人、同社の編集者に会っていたものの、二人はやめていた。一人は少し前に記した『週刊ＳＰＡ！』の編集者に、もう一人は独立して雑誌社を起業したものの、その雑誌は休刊に追い込まれていた。

編集者に会い、ライターになるということを話す。あいさつをしておいた。

その後、『週刊金曜日』や『週刊ＳＰＡ！』などに記事を書くものの、生活に困窮し、二〇〇六年七月に実家に帰った。実家で暮らしながら、細々と原稿を書いていた。

なお、勤務していた会社は二〇〇五年の秋ごろに御成門のあたりに移転し、それと同じころに金融庁から不招請勧誘を理由に業務停止処分を受け、そのまま倒産した。七月ごろに為替証拠金取引の電話勧誘が禁止になり、その後も続けていたのだ。一生勤められる会社ではなかった。

その後、この会社は顧客から裁判で訴えられ、ノミ行為をやっていたことが判明した。

第三章

大人のいじめ

――業界紙記者になる

転職エージェントへの登録

二〇〇七年の終わりごろに、再度どこかに勤めたい、という思いが高まった。リクルートエージェントなどの転職エージェントに登録し、履歴書などのアドバイスを受け、エージェントで紹介されるものにあたったり、あるいは『朝日新聞』の求人広告欄を見たりして手当たりしだいに履歴書を出してみた。

転職エージェントの紹介してくれる仕事は少なかった。というのも、営業系やＩＴ系の仕事は多かったが、執筆能力や執筆経験を評価してくれる企業は、あまりなかった。求人自体も少なかった。

履歴書はパソコンで作成し、内容を作りこんでいたため、筆記試験や面接試験に進めることが多かった。

中古車の案内サイトを経営する会社が「業界紙記者」の募集をしていた。面接で話を聞いてみると、中古車オークションの情報を得るために出している業界紙で、業界紙でないと「報道機関」として中に入れないのだそうだ。一通りの編集ができる人を求めていた。

むろん落ちたものの、ある程度は致し方ない、と思った。

また、鎌田慧がルポライターになる前に勤めていた業界紙の筆記試験も受けた。作文やＳＰＩの能力検査の結果はよかったが、性格検査に問題があったと転職エージェントに言われた。

私自身、面接でも「人間性に問題がある」と言われて、断られたことが何度もある。そのたびに、「あんたそんなに立派な人間なのか」と問い詰めたくなる。それに、世の中ろくでもない人間が多いからこんな社会になったのに、その社会の入り口に入るために使う「性格検査」なんて、効果があるのだろうかと考えた。

業界紙の筆記試験

手当たりしだいに履歴書を送った中で、筆記試験にきませんか、と二〇〇八年の二月に連絡してくれた会社があった。その会社の筆記試験を受けることにした。物流関係の業界紙の会社だ。会社は東京都中央区新川にある。最寄り駅は、八丁堀。甲府市から中央高速バスに乗り新宿、そこから中央線と京葉線を乗り継いで会社へと向かう。

雑居ビルの三階にあるその会社に入ると、入り口近くのぼろぼろの応接セットに座らされた。その時間帯に筆記試験を受ける数名が、その場所で待っていた。

一人は私と同じ年ごろの男。もう一人は、顔を赤らめた中年の男だった。酒の飲み過ぎだろうか。

ごみごみした薄暗い会社の中を通り、会議室へと通される。あとから来た人も含めると六名程度が筆記試験を受けた。

試験は二時間。作文が原稿用紙十枚、それに加えて難しい漢字の読み書きや悪文の修正などが出題された。悪文の修正は、いったいいつの時代のものだろうかと思わせられるような内容だった。あとで調べたら、本多勝一『日本語の作文技術』（朝日文庫）にあるものだった。おそらく、何度も入社試験問題に使用しているのだろう。

作文の十枚は書けそうにない。試験を開始してからしばらく経つと、解答をやめて帰る人が出始めた。その人たちの作文用紙は、文字が埋まっていない。

おそらく、もっとも多い分量を書いた人が高く評価されるだろうと思い、どんどん枚数を重ねていくことにした。最後は、だいたい七枚程度になった。

試験会場には、三名しか残っていなかった。

筆記試験が終わり、交通費の精算を行う。最後に私一人が残り、中年の、背の低い総務の人に言われた。

「明日、面接に来てもらえませんか」

おそらく書類の段階で期待されていたのだろう。午後の時間帯に面接を指定された。

「使えるかどうか試してやる」

翌日、面接に向かう。

ノックして昨日と同じ会議室に入ると、一名の老人が中央に座り、中年の男が窓側に座っていた。

「社長の◯◯です。きょうは面接お疲れ様。代表は耳が悪いので、音を大きくするためにマイクを使って話してください」

　面接官である社長は言った。

「君はフリーだろう。生活は苦しいか」

「はい」

「だから実家にいるのか」

「ええ」

　そこで代表がたばこをふかしながら尊大に話す。たばこを吸いながら面接をする人は、初めて見た。

　しかも、白い紙巻のたばこではない。茶色の何かで巻かれているたばこだった。あとで調べてみると、細い葉巻だ。

「おい、君は文章がわかっていないな」

「はあ」

「筆記試験の答案を見たよ。文章の間違いを修正する問題の解答がよくないな。それでも、ライターなのか」

「申し訳ありません」

「まあいい」

　もう歳も歳だろうが、ひどく偉そうな人だった。

「君は、自分では書けると思っているだろうけど、大したことはないな」

小馬鹿にした感じで言った。

「すみません」

「まあいい。社長は何かあるか」

「りょくさいしゃを知っているか」

「知らないです」

「雑誌社だ」

唐突にある雑誌社の名前を出される。そこの雑誌社で書いたことがあるのだろうと思って聞いたようだが、知らない。

そのあと、家庭の事情を聞かれ、事細かに話した。

社長は言った。

「おい、使えるかどうか君を試してやる。三月からこの会社で働け。引っ越し代や不動産の敷金・礼金は全て持つ」

代表もうなずいていた。

社長は総務に内線電話をかけた。

面接が終了し、総務と今後の日程について話をした。

「この会社の人はだいたいどのあたりで暮らしているのですか。不動産を探す際の参考にしたいので」

「東西線沿線が多いです。茅場町で日比谷線に乗り換えて、八丁堀まで」

「では東西線沿線で探しましょう」

そして総務の人は、この会社で発行している新聞と雑誌を渡してくれた。

会社を出たら、母に電話した。

「受かったよ」

「よかったね」

母の口調には安堵感が漂っていた。

初任給は二十二万円

筆記試験があったのは月曜日、面接で内定が出たのは火曜日。その翌日にはネットで不動産を探していた。不動産業界は水曜日が休みであるため、フォームから問い合わせを送ってもすぐには返事をくれなかった。

とりあえず、木曜日に不動産を探しに東西線沿線を東へと向かう。ヤフー不動産で目星をつけておいた不動産業者をいくつか尋ねる。

家賃七万円以下、バス・トイレ別という条件で探す。

さすがに初任給二十二万では高い家賃は厳しく、風呂とトイレが一緒だと仕事を終えたあとにくつろぐことができないからだ。

西葛西から西船橋方面へと向かう。江戸川区であってもさすがに都内は厳しかった。条件に見合う不動産はあるものの、どこも狭かった。ベッドと机を置いたら、他に何も置けなそうだった。千葉県に入り、浦安・行徳と探す。なかなかいい物件がない。

いくつかよさそうなものを決めておき、再び翌日の金曜日に行く。南行徳によさそうな物件があったため、そこにしようとした。

大家の審査を受けるのでそれを待つものの、「これから勤める人は信用ならない」ということでだめだった。

妙典駅から徒歩十分の別の物件をあたり、そこに決まった。

築十年程度、近所に大型スーパー・サティがあり、住環境だけは便利なところだ。

不動産屋には「契約にあたって内定通知書を見せていただけませんか」と言われた。そういう書類をもらっていないことに気づき、会社に頼んで送ってもらった。

往復する中で、新しい仕事への期待感、特にできるような仕事につけたことの安堵感がふくらみ、一生懸命仕事に取り組もうと思った。

物流企業からもらう「賛助金」

不動産探し、引っ越し、役所への各種手続きなど、あわただしくすごした。二月末に千葉県市川市に移ったあと、片付けを急いで終える。

会社は土日休みの週休二日制だが、三月一日土曜日に会社内のセミナーをやるので必ず出席してほしい、と言われている。そのために引っ越しも役所の手続きも無理して間に合わせた。

三月一日のセミナーは中央区月島の区民センターの会議室で行われた。おそらく、会社内で全員がそろって会議をする場所がないので、そこでやったのだろう。

セミナー開始の三十分以上前に現地に到着し、先に来ていた総務の人の案内で座る席を指定された。あらかじめ決められており、そのプリントを総務の人が持っていた。プリントには、入社してからの年月数が記されている。その順に座る。本社勤務の記者職は社長や代表が座る上座から見て右側、総務や営業、関西支社や中部支社の人は左側に座る。

しだいに社員がそろってくる。隣の席の人と話をする。

「こんどこの会社に入ることとなった小林拓矢と申します。よろしくお願いします」

「○○です。私自身も入ってまだ日が浅いので、よろしくお願いします」

おとなしそうな感じの人だった。

中部支社から来た人とも話をする。

「よろしくお願いします。小林です」

「実は私も今日入ったばっかりなのです。前職は競艇の新聞の広告営業をやっていました」

「そうですか。前職はフリーのライターでした。一緒にがんばりましょう」

上座の人も徐々にそろう。東京の記者職の人は上座に座る人ほど、不機嫌そうな顔をしていた。上から四番目あたりに、怖い目をした乱れた髪の毛の、太めの男が座っていた。あいさつしようと思ったが、人を寄せつけない雰囲気が恐ろしく、近寄れないでいた。

他にも、関西支社長や総務部課長、総務部員などにあいさつする。

全員が集まったところでセミナーは開始になる。

最初、代表がマイクを使わず話をする。耳が悪いため、人の話を聞くときにはマイクを通した音を聞くが、自分が話すときはマイクを使わない。

代表は背もたれにふんぞり返って、物流業界の状況の話をした。

物流業界ではだいたいいくらの売り上げがあり、「その一パーセントを我が社がもらう」と言う。

また新聞業界の状況も話した。

「朝日や読売は生き残る。毎日新聞は厳しい。うちの会社をやめて毎日に行った人がいるが、いつも我が社の社員に酒をおごってもらいにくる。給料が安いとぼやいている」

自社をやめた社員についていろいろ言う会社のトップははじめて見た。代表のパーソナリティーに不安を感じた。

そして、その中での自社の状況についても話す。

「我が社は業界を代表する新聞だと自負している。トップ企業である。オピニオンリーダーだ」と。のちに調べた事実は違った。複数の他紙が業界では上位にあり、だいたい物流業界の業界紙では三番目か四番目に位置していた。

そのあと、社長が資料を配付して話をした。

「代表はあのようにおっしゃるが、わが社の置かれた状況は大変に厳しい。なんとかして収益をあげていかなくてはならない」

そう言いながら、資料に目を通すように指示した。

「この書類は絶対に外に出してはならない。わが社は『賛助会員制度』というものを行っており、これはわが社の言論活動に対して支援していただくものだ。社員にはそれぞれ努力目標を課しており、ここにあるのがその一覧だ」

見ると、社員の名前と、物流企業の名前、そしてその会社から年間にいくら賛助金を取ってくるかが記されていた。担当制となっており、記者が取材活動のかたわら、購読料の他に賛助金をもらってくる。記者ごとに「努力目標」があるのだ。

目標を達成できるかが、社の売り上げと関わってくるという。

このノルマを達成できないと、売り上げが上がらないのだそうだ。

単純に新聞の販売と広告だけで稼いでいるのではないようだ。

それから、編集部長や取締役中部支社長、また関西支社長が現状を話した。

労働基準法は守るつもりのようだ

昼食は折詰弁当を配付され、会議室内で食べた。正直、息が詰まる会議だったので、この建物を出て外で食べたかったが、名古屋や大阪から来た人もいたため、もてなす必要もあったのだろう。わりと高そうな弁当で、おいしかった。

隣に座っていた、私よりも少しだけ早く入社した人と話した。

「私も、入社してそんなに長くないので」

「よろしくお願いします」

その程度の話だけだった。小柄な、丁寧そうな人だった。

会議は午後の部に入る。編集部の副編集長から部門の問題点を話しはじめ、副編集長二人の話が終わったあと、太めの、怖い目をした乱れた髪の毛の男が、恐怖感を与えるようにして話しはじめた。

「この会社の人は生ぬるいやつが多い。一生懸命仕事をしているのか。残業もろくにしていないようなやつに、給料を与える必要はない。残業時間をグラフ化し、給料の査定を連動させるべきだ」

それを聞いて社長は言った。

「確かに君の気持ちもわかるが、労働基準法というものがあり、労働時間というものが決まっている」

私はちょっとほっとした。同僚に無理な要求をする社員に対し、たしなめる社長がいたとは。しかし、この人物には恐怖を感じた。こんな人がいる会社で大丈夫なのだろうか。

その後、東京本社所属で序列が下の人が話す。

最後に、私にマイクを渡される。

「私は、入社したばかりなのですが……」

「お前に話せることがあるとは思っていない。いい」

冷たく言われて打ち切られた。もっとも、意見を求められて何か言わなくてはならないことになると、大変なことになってしまうのでいいのだが。

その後、関西支社長は営業部門と編集部門を同時に行えることの強みを話し、総務は就業規則の改定について話した。

一社目では入社した際に就業規則の読み合わせがあったが、二社目ではなかった。二社目の会社に対しては、就業規則を読ませてもらえなかったという不満があった。

新しい会社では読ませてもらえるのか。少なくとも、存在する。この会社は長くいられるのかという観点からは、重要だ。

社長や代表がまとめを話し、セミナーは終わった。

懇親会で「きょうは無礼講だ」

セミナーのあと、懇親会が全員参加で行われる。そば屋の、ちょっとした宴会スペースだった。食事はコースが決まっているようで、お酒は飲み放題だったのか、自由に選べた。

基本的には席順は自由だったが、社長と代表が奥に座るようになった。

近くには同日入社で営業部に所属することになった三十代の男性が座る。目の前には、「残業時間をグラフ化せよ」と言った太めの人が座った。右隣には、会議でも隣に座っていた、入社してそれほど経っていない人が座った。

社長は言う。

「きょうは無礼講だ」

もちろんそれが本当だとは思わない。会社の「無礼講」など、本当に無礼にしたら失敗する。

三十代の男性は、日比谷線沿線に住んでいる、という話をした。もともとは石油の業界紙で記者をやっていた、という話もした。

右隣の男性とは、どんな本を読むかという話をした。小谷野敦の本が好き、という話をしたところ、あまり小谷野のことを知らないようだった。

前に座っていた太めの男は、私に話しかけようとはしなかった。視線も合わせようとはしなかった。こちらも、この人には警戒したほうがいいというカンが働いていた。

太めの男は、隣の人とこう話していた。

「使えない奴っているんだよ。やめたあいつとかあいつとか、そうだっただろ」

仕事ができなくて、会社をやめた、あるいはやめさせられた人の悪口を言っていた。

その他にも、会社への忠誠心についての話をしていた。

もしかして何かあってやめさせられるとしたらこの人が原因になるかもしれない、と考えた。

宴席は進み、席も少しずつ入れ替わった。隣には取締役中部支社長が座った。つボイノリオについての話をした。

その後、社長とも話す。面接で出てきた「りょくさいしゃ」は、『紙の爆弾』を出している「鹿《ろく》砦社《さいしゃ》」だと気づく。社長は、鹿砦社の松岡利康社長と、同志社大学での仲間だったらしい。『週刊金曜日』みたいなのではなく、『紙の爆弾』みたいなのが好みだと知る。

最後に、代表が歌を歌って終わる。何の歌だったかはおぼえていないが、古い歌だった。

店を出ると、太めの男が二次会として何人かを焼肉に誘っていた。

この人とは絡みたくないと思い、そっと地下鉄の駅に身を潜らせ、そのまま妙典に帰った。

翌日の日曜日は、行徳にある市川市の図書館の貸し出しカードを作り、本を借りた。本が読めることに、ほっとしていた。未来は、明るいのではと思うと同時に、太めの男のことが気がかりだった。

解雇された社員がいる

月曜日は東京メトロ妙典駅で新聞を買い、電車に乗った。東西線の西船橋寄りの駅から都心方向へは朝は大変混雑しており、ちょっと大きめのかばんがじゃまになっていた。とても新聞は読めないので、携帯電話で匿名掲示板のニュース系の掲示板を見ていたものの、地下に入るとそれさえもできなくなった。

茅場町で日比谷線に乗りかえ、八丁堀へと向かう。最初の会社では三鷹から茅場町まで中央総武緩行線・東西線で、茅場町で乗りかえていた。つくづく、茅場町駅とは縁が深い。

八丁堀で降りると、長い地下通路を歩き地上へあがる。五分も歩かないうちに会社の入るビルにつく。

エレベーターで会社につくと、人は少なかった。総務の人がすでに出社しており、どの席に座ればいいかを教えてもらう。机の上には、オールインワンタイプのノートパソコンがある。他の記者の席には、デルのデスクトップが据えられていた。

しかもパソコンを開いてみると、ウィンドウズビスタが搭載されていた。使いにくさで悪評が非常に高かった基本ソフトだ。

歓迎されていないのか、と落ち込む。

土曜日にセミナーをやったためか、代休をとって出社しない社員も多い。どうも、人がいきいきしている感じがない。この会社は、雰囲気が悪い会社なのか。

総務からメールのアカウントとパスワードを渡され、設定をする。

そこに社長がやってくる。

「このノートパソコンは、君のパソコンか」

「いえ違います。会社から渡されたパソコンです」

どうやら社長は、ノートパソコンを持ち込んだ、と思ったらしい。こんな使いにくそうなオールインワンノートは、会社に持ってこない。

設定されたメールソフトを見ると、このパソコンを以前使っており、退職した人のメールが一通だけ残っていた。退職の際に全員にあいさつをしたもので、社内のメーリングリストに流されていたものだ。

読むと、二ヵ月ほど働かせていただき、貴重な経験をいっぱいし、学ぶことが多かった、と記されていた。

ひょっとして、やめさせられたのでは。社内を見ると、人事の書類が掲示されており、「解雇」とその人物について記されていた。他にも解雇されている人がいた。

この会社はすぐにクビを切る会社だ。気をつけなくては。体が緊張感でいっぱいになった。

ちょっとでも失敗すると会社から解雇を言い渡されるのか。社長が面接で言った「君を試してやる」という言葉が頭に響いた。

社長に呼び出された。

「おい、わが社が出している、新聞と雑誌と年鑑を読んで、勉強しておけ」

そう言われて、過去三ヵ月程度の新聞と雑誌、そして二年の年鑑を総務の人に頼んで探してもらい、読んだ。

読むと、どうもよくない。内容がつまらなく、文章もそれほど上手とは言えない。格調が低いのだ。

ちょっと大きな記事になると、署名記事になっている。セミナーで「残業時間をグラフ化せよ」と言った太めの男の記事が、割と多い。その社員はこの業界紙の会社ではできる社員ということになっているようだ。

しかし、そんなに文章がうまいわけでも、いい記事になっているわけでもない。

雑誌もだ。面白くもなければ、本当に物流業界の人の役に立つような記事が掲載されているか、というとそんな感じでもない。一般紙・誌志向にしても、あまりよくない。

いろいろと大変そうな会社だが、それでもやっていかなくてはならない。恐怖感がつのる。

昼食を経て、副編集長に言われた。

「プレスリリースが来ているから、記事を書け」

「これに電話で追加取材をするのですか」

「お前もライターだったからわかるだろう。自分で判断しろ。そこまでは必要ないと思う」

社長からも声が飛ぶ。

「おい、『記者ハンドブック』持っているか」

「持っていません」

共同通信社が出している『記者ハンドブック』という新聞の用字用語集のことだ。

「買っておけ。ちょっと待て。あった。これを使え」

会社でまとめ買いをしてあったらしい『記者ハンドブック』を手渡された。

だいたい、新聞や雑誌の記事の書き方は知っている。それを踏まえて書いて副編集長に送ると、

「まあ、いいよ」と言われた。書き直しは、必要なかった。

あと一本くらいプレスリリースを渡され、記事を書く。両方の記事は、デスク業務をしている人に送った。デスクは、社長がやっていた。

メーリングリストに、太めの男の投稿があった。

「きょうは定例の企画会議だ。二十時に会議室に集まれ」

裁量労働制ではあるものの、定時は十七時三十分。それまで仕事をしていた。

二十時からの企画会議では、太めの男が平の記者が毎日帰る前に提出した企画を前に、よしあしを言っていた。ずいぶん厳しい物言いであり、次週からは私も企画を提案しなくてはならないと思うと辛くなった。しかも、毎日帰る前に一本提出しなくてはならない。

二十二時ごろに終わり、酒席にも誘われそうだったので、さっさと帰った。こんな状況で酒席に誘われたら、翌日は会社に行けないだろうから。

「ファイル名に日付を入れるな」

翌日火曜日は朝からいろいろな人にプレスリリースを渡され、記事を書いた。大手の運送会社によっては自社の広報サイトを持っているところもあり、新聞社向けにリリースだけではなく、写真まで掲載していた。

副編集長に教えられて、そういうサイトの使い方を知る。

原稿は、デスクである社長に提出する。

ファイル名をつける際のくせで、提出する文書ファイルにも日付を入れていた。それが社長には気に入らなかったのか、怒鳴られた。

「ファイル名に日付を入れるな。鬱陶《うっとう》しい」

ファイル名に日付を入れるとファイルを整理するのに便利、という文化圏にいる人間としては、自分を全否定されたような心境になった。

しかも、私だけがやっている方法ではなく、『「超」整理法』の野口悠紀雄もやっていることなのだ。

プレスリリースがたまると、整理に困る。角2の封筒を総務からもらえることになり、それに『「超」整理法』のやり方で整理することにした。会社が中央区新川に移転する前の入船にあったころの封筒を使う。

中央区新川のあたりは、昼食をとるのにあまりよさそうな場所はない。大学生協のカフェテリアのようなシステムの定食屋が一軒あり、そこで食事をすることが多かった。食事の時間は、十三時すぎだった。会社では昼食時間は指定されておらず、適当な時間に昼食をとっていいことになっていた。

昼食後、太めの男から呼び出された。

「おい、小林、ちょっと来い」

会社の入り口近くの応接スペースに座らされた。

「お前は就職に苦労しただろう」

失礼な、と思った。こういうことを唐突にいう人は、嫌だ。警戒心を抱く。

「それでだ。座談会のまとめはできるか」

どこかでやったことがあるので「できる」と答えた。

「就職についての座談会をやる。学生側と企業側から出てもらい、それぞれの考えを出してもらう」

そういって、物流企業二社の名前と二つの大学名をいった。

「明日、九時に集まれ」

ある中央区の施設を指定された。場所は覚えていない。

その日は座談会に登場する企業や大学について調べていた。聞いたことのない大学だな、と思いつつ、どんな人たちが来るのかと考えていた。

録音もしない座談会

翌日。朝九時に指定された場所に到着すると、誰も来ていなかった。時間までに二人の社員が来て、二十分くらい遅れて太めの男がやってきた。会場に入ると、教室風に並べられている机を座談会に適した形に直した。

会社側二社、各社二名ずつがやってくる。名刺を交換する。学生側二校、一校は一名、もう一校は二名やってくる。大学生も名刺を作ることが普通になっているためか、こちらも名刺を交換する。

座談会がはじまる。太めの男は「大学で柔道ばかりやっていて就職ができず」と言っている。しかし、大学で柔道をやっていたならいい就職ができるのではないか。

普通、体育会系の就職実績はいい。体育会系はこの国で重宝されていることが、運動オンチの私には妬ましく思える。しかし、社会から重宝されるような人間が大手企業ではなく、このような小さな業界紙に来るということは、何かがある。

話しているあいだ、この座談会は録音しておかなくてもいいのか、と思った。事前に太めの男に聞いたところ、「そんなことは知らん。自分で判断しろ」と言われていたので、困った。あとでトラブルになったら面倒だからだ。

単純な取材ならともかく、普通はインタビューや座談会は録音をとっておくものだ。たとえ聞き返さないとしても。

太めの男は、仕事の指示さえできない男なのか。こんな人間が先輩にいる会社は、不安だ。

話している途中に、あわててICレコーダーの録音ボタンを押した。

出席者の自己紹介に移る。企業側からの自己紹介が行われる。一社目は日本最大手の物流企業で、そのせいか話にも印象に残るところがなく、通りいっぺんのものだった。

二社目は埼玉県に本社を持つ生協の物流関係を一手に引き受けている会社だった。人事担当はおばちゃん。話に抑揚のある人だった。

学生は国立の海洋系の大学で物流を専攻している学生と、私立の物流系大学の就職サークルの学生だった。

まずは太めの男がテーマを投げかけ、それに対して企業側と学生側とが答えてゆく、というものだった。

内容は、覚えていない。気がかりだったのは、座談会の司会があまりにも下手だったことだ。

まず、それぞれの話がキャッチボールにならず、かみあわない。会話をしているような感じにならず、ただ話を聞いているだけ、というものになっていた。

印象に残ったのが、生協系の物流企業の発言で、面接は各役職者を一通りそろえて行うというものだった。これにより、一回で済むという。

さて、これをどうやって座談会としてまとめるか。頭を抱えるしかなかった。こんなに話を盛り上げない司会者も、そうはいないからだ。

座談会終了後、太めの男は別の取材があるといってどこかに行った。あらかじめ社で用意してあったタクシーで京橋あたりの料理屋に行き、昼食を座談会参加者と会社の人間とで食べた。いわば接待である。

食事の席では、酒こそ出なかったものの、生協系物流会社の女性人事の話が面白かった。座談会でもこの人を中心に盛り上がる話をしてくれればよかったのに。

食後、私を含めて社員三人で歩いて会社に帰る。

その日は副編集長などから頼まれたプレスリリースのまとめ記事を書いて帰った。

社長から、「物流についての入門書と辞書を買っておけ」と言われていたので、この日前後、帰りにいまはない西葛西の書泉に寄り、物流についての入門書と『新明解国語辞典』を買った。

「知るか」「ゴミクズ」

翌日は一日かけてテープ起こしをし、原稿をまとめた。ＩＣレコーダーの再生ボタンを何度も押し、進めては止めの繰り返しだった。ワードでははかどらないので、ダウンロードしたテキストエディタを使って文字を打ち込んだ。

その打ち込んだものを太めの男に送る。

「テープは起こしましたが、どんな感じでまとめましょうか」

「知るか」

正直、そう言われると恐ろしい。もし、相手が期待するようなまとめに仕上がっていなかったら、いろいろ言われることが予想されるからだ。しかし、まとめの方針は示さないという。

一旦、まとめたものをデスク係の社長に送る。

「こんなテープ起こし、見ているひまはない」

けなされて終わった。

しかたがないので、まとめ直す。

太めの男が言った。

「おい、ちょっと見せろ」

メールで男にテープ起こしの原稿を見せた。

「なんだこれは。このゴミクズ。お前はもともとライターだっただろう。そして『できます』と前に言った。それが、なんだ。もういい」

私はほっとした。まさかこれに何度も苦しめられるとは思わずに。そのときは、言葉を正直に受け取ることの恐ろしさを知らなかった。

他の人から言われたプレスリリースのまとめをする日々が続いた。この仕事は、簡単だった。

マニュアルは古い手書きのプリント

人事の記事、というものがある。単に、誰それがどの部門の役職についたり、あるいは昇進したり、退任したりという記事だ。名前と、新役職・前役職だけのものである。

業界紙の場合、この人事記事は大きな分量を占める。一般紙には社長と取締役の一部、『日本経済新聞』には全役員程度しか出ないが、会社から送られてくるプレスリリースに掲載されている全員の名前を掲載する。

しかも、新聞に書かれているようにリリースを送る会社なんてなく、それぞれの会社の思い思いの方法で書かれたリリースを、会社から指定された形式に直さなくてはいけない。

形式は、隣の席の先輩の女性記者からもらった古い手書きのプリントに沿わなくてはならない。あと、『記者ハンドブック』も参考にする。

しかしこれが使えない。まず、プリントにある書き方は、どう見ても古い書き方、それも執行役員制度が導入されていない時代のものだ。また、「マネージャー」などの呼び方が会社では使われていなかった時代のものであり、現状にそぐわない部分がある。

ルールに則って書き、先輩の女性記者に見せる。

「ここはこれで、いいと思う」

と言われながらも、間違っていたところを直す。

女性記者のOKをもらい、デスクである社長に原稿を送る。

しばらくすると、社長が怒鳴っている。

「おい小林、何だ」

社長のところに向かう。

「お前は渡されたマニュアルと記者ハンドブックを読んでいないのか。書き方が間違っている」

「どこがいけないのでしょうか」

「自分で考えろ」

これは、「俺の言うことを推測してその通りにやれ」という意味だ。

女性記者と相談し、直した。今度は、大丈夫だった。

マニュアルに不備があり、それでいて間違っていると怒鳴られる。何を参考にしていいか、わからなくなった。会社への不信感が、高まっていった。

人間砂漠のような会社

木曜日も午後を過ぎると、組版された紙面のゲラが徐々に出始める。新聞は、金曜日に校了する。

ゲラをコピーし、編集部門の全員に配る。頭を下げる人もいれば、無視する人もいる。太めの男は、無視するほうだ。

それぞれが、赤のサインペンで朱筆を入れる。

この会社には校正をやる専門の社員もいなければ、外注のフリー校正者もいない。大丈夫なのかと不安になると、案の定、誤用がみつかる。

それでも、たいしたことのないものだったので、修正しておいた。

全員のチェックを受けたゲラは、私が朱筆をまとめて編集部長に渡す。

翌日金曜日は、その作業が中心だった。こういう作業は、新人がやらなくてはならない。

それにしても、みんな朱筆を入れない。読んでいて、記事の文章や内容に無理があるものもあるのだが、だれも問題点を指摘していない。特に、一面下部のコラム欄に朱筆を入れる人は少ない。相互批判のできない、風通しの悪い会社だとわかる。

気になるところにどんどん赤字を入れる。それが実はまずいことだと後々知るのだが、そのころはあまり意識していなかった。

十九時ごろ、編集部長が印刷所に電話をかけて「校了」の指示を出す。その声が聞こえたから校了したことを知ったものの、全員にその合図はされなかった。

普通なら、校了したら「校了しました。お疲れ様でした」などの声が上がってしかるべきなのだが、この会社にはそれがない。人間砂漠のような会社なのだと、つらくなった。この会社でやっていけるのか、不安になった。

新聞を購読しない記者たち

そのころ、自宅でどの新聞をとろうか、ということを考えていた。以前の会社に勤務していたころは朝日をとっていたものの、日経のほうが職業柄いいかもしれない、とも考えていた。業界紙なので、新聞についてはいろいろこだわりのある人が多いだろう、と考えていた。

三月一日のセミナーで私の隣の席に座っていた社員にどの新聞をとっているかについて話を聞くと、日経を読んでいる、と言われる。理由は、企業情報などを知るのに日経がいいからだ、ということだ。

社長にも同じことを聞いてみた。

「家で新聞はとっていない。会社では読んでいるけどね」

理由は「新聞なんて必要ない。内容もつまらない」ということだ。

太めの男にも聞いてみた。「そんなくだらないこと聞くな!」と怒鳴られた。それ以上は、聞けなかった。

他の社員も、「なんでそんな質問をするのか」という顔をした。それどころか、私をバカにしたかのような表情をした。

どうも、みんな新聞を自宅で読んでいないようだ。会社に来れば一般紙だけではなく『日経産業新聞』や『日刊工業新聞』、さらには同業他社の新聞も読めるからかもしれないが、新聞に愛情を持っていない人が新聞を作っているなんてと、困ってしまった。

かといって、会社のどこにそれらの新聞があるか、誰も教えてくれない。古いものは一ヵ所に整理されているが、直近数日間のものはどこに置いてあるか、わからない。

困ったなあと思いつつも、会社の人の冷たさが身にしみた。冷たい会社、すぐクビにする会社。恐怖心をおぼえた。

見本紙にも愛情がない

校了時間がすぎると、少しずつ人は帰る。印刷は千葉県浦安市にある産経新聞社の工場で行われ、業界紙を配送する会社である東伸社が配達や遠方への郵送を行う。業界紙の発行が火曜日となっているのは、土曜に発送したらだいたい火曜日までには着くからである。

土日は掃除をしたり、図書館に行ったりするなどしてすごした。少しばかり、ほっとしていた。

月曜日に会社に行く。「新聞はできているのですか」と副編集長に問うと、「ここにあるよ」とつまらなそうな顔をして言った。茶色の紙に包まれていた新聞を出す。こんなふうにできるのかと思うと同時に、こんなものか、とも思った。

ただ、気がかりだったのは、編集部員ができた新聞に対して愛情を持って接していないということだ。冷たい人ばかりの会社なのだな。そこに、長く勤められるだろうか。不安はつのる。

座談会のまとめ

以前まとめて「もういい」と言われていた座談会の原稿まとめは、そのままにしておいた。送ったものを太めの男がやるのか、それとも他の人がやるのかわからないものの、「もういい」ということはもういいのだろうと思っていた。

しかし、違った。

「おい小林。あの座談会の原稿はどうした」

「『もういい』って言っていたので特に何もしていませんが」

「てめえ、何様のつもりなんだ。そう言われてもやるのが常識だろう」

それはあまりにも無理な論理だ。しかし逆らえない。

「書きなおす、のですか」

「あたりまえだ」

話された順序を変え、流れのいいようにしてまとめる。再度、太めの男に送る。

「おい、お前は言葉に対して意識がないのか。小見出しは二行で各行を同じ文字数にするんだ。段落の頭は一字下げる。お前こんなことも気づかないのか。言葉に対して意識はないのか。どんなライター生活送ってきたのか」

しかし、雑誌の座談会の記事の場合、小見出しは二行でも一行でもよく、また段落の頭は一字下げないことも多い。指摘されたことはもっともだが、それはその新聞なり、あるいはその会社なりのローカルルールだろう。

太めの男はさらにたたみかけた。

「おい、お前は入社が決まったとき総務からうちの会社が出している新聞と雑誌をもらったよな。それを熟読していないということはないよな。決まってから入社するまで熟読しているのがあたりまえだ」

確かに、何度か読んだ。しかし、正直どうしたものかという紙面だった。

それに、就職が決まって家探しや引っ越しなど、やらなくてはいけないことが多々ありすぎたため、それどころではなかった。

太めの男は、言った。

「指摘したところを直してから送れ。俺と、デスクとにだ」

「わかりました」

そう言うしか、ないのである。

この人は一体私をどうしたいのか、いまいち見当がつかない。

考えこみつつも直して、座談会の原稿をデスクである社長と太めの男とに送る。送ったのち、しばらくしてデスクである社長が怒鳴った。

「おい、何だ。一人の話で七行以上の文章になる座談会なんてあるか」

実際には雑誌の座談会ではよくあり、さらには一般紙でもある。

そこに太めの男が口をはさんだ。

「座談会は、エンターテイメントだ」

社長はいう。

「いいこというな。そのとおりだ」

実際には、座談会は型通りの話しかなく盛り上がらず、座談会というよりも集団聞き取り調査のような感じだった。こんなにも司会が下手なのに、それを成功した座談会のようにせよ、というのはかなり無理がある。

太めの男は、私の出した原稿を見て、「もうええわ」と言った。指示らしい指示もなく、どうしていいかわからず、さらには関わりを持ちたくなかったので、敬して遠ざけることにした。

アンケート調査

人事記事の作成とプレスリリースのリライトは続く。月曜二十時の企画会議に向けて、帰宅時には毎日企画を一本提出して帰る。定時は十七時三十分だったものの、大体十八時に会社を出る。

ある日、太めの男に言われる。

「明日、トラックターミナルや街中をまわってアンケート調査してこい」

「トラックターミナルは、どこにあるのですか」

「都内には三ヵ所にある。どこに行くかは、自分で調べて決めろ」

「街中はどこがいいですか」

「そんなものは自分で考えろ」

要するに、アンケート用紙を持って片っ端からトラックドライバーに話を聞いてまわり、それを記事にするようだ。

このような、街頭で片っ端から聞いてまわってそれを調査結果として公表する、というのは社会調査法の教科書ではやってはいけないこととして記されている。また、街頭の声をコメントとして出すことは新聞などではよくあるものの、それを調査データとして数理的に公表することは、まずない。調査としての基本ルールが守られていないからだ。

しかし、会社の先輩から言われたことはやらなくてはならない。「おかしい」と反論したら、何をされるかわからないからだ。

太めの男は「トラックターミナルは朝早いから」と言っていた。朝早くからターミナルの周りでアンケート用紙を持って走りまわらなくてはならない。かといって、中に入ることはできない。

妙典の自宅から行きやすい葛西のトラックターミナルに行くことにした。葛西駅からの朝のバスの時間を調べると、六時台からしかないため、それに合わせて早起きして家を出る。都営バスを終点・臨海車庫前で下車し、アンケート用紙を持ってトラックドライバーに声をかける。

「すみません」

早朝、大型トラックのドライバーは、遠方から運転してきたため一休みしていることが多い。声をかけても反応しない。ノックする。運転手が気づく。

「すみません」

業界紙の名前を言い、簡単な調査のためお話を伺っている、ということを伝える。だるそうな顔をしている。

何項目か質問した。その中に、いま仕事でほしいものは何か、という問いがあった。選択肢に「社会的地位」という言葉があった。この言葉が、ちょっと飲み込めていない感じだった。

アンケート用紙の選択肢の項目は私ではなく、太めの男が作ったものだ。トラックのドライバーに聞きにくい質問項目、あるいは簡潔に答えてもらいにくい質問項目が多い。早口で尋ねてもわかってもらえず、それでいてじっくり聞くだけの時間はない。アンケート用紙の設計が下手なのか、あるいは私をいびるためにこういうことをやったのか。

葛西のトラックターミナルの隣に、サンクスがあった。トイレを貸してもらうついでに、アンケート調査のためにこのお店を利用するトラックドライバーのお話を伺わせてもらいたい、とお願いした。許されて、ほっとした。

このお店の前にドライバーはトラックを停め、弁当や飲み物、たばこを買い、また乗り込む。店の出入りをする際に、お話を聞く。

朝九時台までは多くの人がこの店を利用していたが、だんだん減ってくる。

広いトラックターミナルの周りを一周し、どこかにトラックは停まっていないかと探す。

トラックターミナルの東側に、大きなトラックが出入りしているガソリンスタンドがあった。

その店の人に、トラックが燃料を入れている間にドライバーにお話を聞けないか、と会社の名刺を出しながら頼んだ。お許しをいただき、何人もの運転手にお話を伺った。

その後も、昼過ぎまでトラックターミナルの周りで粘っていた。しかし、トラックらしいトラックは来なくなった。

会社に電話して、太めの男に相談した。

「トラックが、もう来なくなったのですが」

「どこか、繁華街やオフィス街に行け」

「どこがいいですか」

「そんなものはてめえで考えろ」

新宿とか、銀座とか言っていた。新宿は遠く、銀座は土地勘がなかったため、神田神保町に行くことにした。


「何だ、四十二枚か」

葛西臨海公園駅の下にあるマクドナルドで昼食をとり、改札をぬけ高架のホームに入った。電車の本数は昼間ゆえか少なかった。幅が広いホームからは、多くの倉庫が見え、殺風景だった。遠くには、東京ディズニーランドが見えた。

ここから京葉線で、東京駅へと向かう。東京駅から中央線に乗り換える。京葉線から中央線に乗り換えるのは時間がかかる。長い動く歩道と、長いエスカレーターを経て、中央線ホームに。御茶ノ水駅で中央・総武緩行線に乗り換え、水道橋で下車する。

水道橋には、お世話になっていた『週刊金曜日』の編集部がある。当時は千代田区三崎町にあった。現在は、神保町に移転している。

駅から出たところで、歳のそれほど変わらない女性編集者に電話をしてみた。

「いま、水道橋駅の前にいるんですよ。アンケート調査の仕事で、街の中を歩いているんです」

「私も田舎の新聞社にいたときにやりましたよ。それではがんばってくださいね」

編集部の隣のビルにある佐川急便の営業所に入り、来意を告げて協力を求めると、マネージャーらしき人が出て、「広報を通してください」と言われる。「それでは結構です」と去るしかない。ちょっと話を伺うだけでも「広報」を通さなくてはいけない、というのは、ある種の大企業病のような気もした。

水道橋から神保町、そして御茶ノ水と荷物を下ろす作業を行っているドライバーに次々に声をかけ、アンケートを取った。詳しく聞いている余裕はない。数をこなさなくてはならないのだ。

夕方近くになり、太めの男から電話があった。

「おい、何枚終わったのか」

「五十枚程度です」

「よし、会社に上がれ」

御茶ノ水駅から東京駅へ向かう。駅内の書店で、ちらりと東大・京大合格者特集の掲載された『サンデー毎日』を立ち読みした。母校の駿台甲府高校が、東大合格者数山梨県内一位だったのを見て、嬉しくなった。

東京駅の長い通路を経て京葉線に乗り、八丁堀で降りる。

会社に戻り、太めの男に回答済みのアンケート用紙を渡す。

「何だ、四十二枚か」

この男が求める枚数よりも少なかったのだろう。かといってそんなに力を入れるような企画ではないせいか、「もういい、帰れ」と言われた。十七時三十分もすぎているので帰ることにした。

社長の激怒

また、木曜日になる。ゲラがしだいに出力される。新人としてコピーし、全員に配付する。みんなが目を通し、赤字を入れる。私も私なりに一生懸命ゲラを読む。

一面下のコラム欄に「他力本願」の誤用があった。「人頼み」の意味で使用していた。誤用であることを指摘し、赤字でその旨を記した。五木寛之がよくこの「他力本願」の思想を語っており、それをよく読んでいたため、この誤用はよく気がつく。

「他力本願」の思想は、浄土真宗の核となる思想であり、重要な思想である。しかし、そんなことさえ知らない人が書いているこの新聞は、大丈夫なのか。専門の校正者もおらず、こんなミスはそのまま掲載される。恥ずかしくなった。

他の人のチェックも集まり、私がそれらをひとまとめにした。

そのまとめを見たデスクである社長は怒鳴った。

「こんな赤字を入れたのは誰だ！」

すぐに編集部長や副編集長、太めの男などが社長のまわりに集まり、筆跡から私だろう、ということになった。私には何も言わなかったものの、他の社員に「あいつには校正をさせるな」と怒鳴り散らしていた。その後「君はうちの新聞をよく読んで勉強してね。それまで、ゲラをチェックしなくてもいいよ」と言われた。

そのころ、電話をとった。私に聞かれてもわからないことだったが、その際の対応がまずく、「もう電話にでるな」と社長に言われた。

電話の相手の会社は、○○○運輸という。会社上層部の雰囲気から、どうやらまずいことをやったのでは、ということは伝わったものの、私には何も言わない。ただ「お前は電話をとるな」と社長に言われ、太めの男に「お前は社会人としてのマナーを知らないのか、本当に糞だな」と言われたにすぎなかった。どんな問題が起こり、どう改善したらいいか、何も言わなかった。

だんだん、やることがなくなってきた。副編集長から、新聞のバックナンバーを見て縮刷版のために見出しを入力せよ、という仕事をもらい、それしかなくなっていった。

社内のメーリングリストには、部数の増減が流され、その中では◯◯◯運輸が大量に解約したことが記されていた。

自宅に帰って、携帯電話のブラウザで◯◯◯運輸について調べてみた。匿名掲示板の同社のスレッドには社員や元社員による恨みつらみが記されていた。調べると内部告発をした社員を何十年にもわたって冷遇し続けたことや、綿貫民輔と国民新党、郵政民営化との関係も記されていた。国民新党が郵政民営化に反対するのは、◯◯◯運輸が郵便関係の仕事を扱っているからだという。

確かに、私が電話の受け答えで失礼なことをしたのは、問題かもしれない。しかし、それで会社上層部を震え上がらせるとは、いくら業界の大手企業でも不思議である。なにか大きなスポンサーだったりするのか。

ただの外部のスポンサーを怒らせただけで、ここまで追い詰める会社。どこかが、おかしい。

「この新聞は、オナニー新聞なんだ」

日々の一挙手一投足に対して、太めの男からいろいろと言われ続けていた。私自身のジャーナリズム志向については社では特に何も言われなかったが、「おまえはジャーナリズム、ジャーナリズムとうるさい」と言われ続けた。

そのことを、同じ会社で働く社長含め他の社員も知っていた。それに対して何かを言う、ということはなかった。

太めの男は言った。

「この新聞は、オナニー新聞なんだ。△△△運輸の社長が、俺の書いたヨイショ記事を読み、オナニーしてスッキリしてくれるのが望みなんだ」

と、怒鳴りつけた。

こういう発言は、普通の会社なら環境型セクハラにあたる。社内には女性社員もいる。太めの男は、よくキャバクラや風俗についても語っていた。

「男の会社員なんてものはな、死ぬほど残業で働いて、帰ったらアダルトビデオで抜いてスッキリするもんなんだ。ワーク・ライフ・バランスなんて甘ったれたことを言っている奴は働くな」

この人は独身なのだろう。結婚していれば、家族のこととか、考えるものだが。

「俺は清い体でふるさとを出てきたんだ」

と叫んだ。おそらく、彼女などがいたことはないのだろう。私生活、という領域があり、場合によってはそれはかけがえのないものである、ということを感覚的に理解していないようだ。

しかも、この種の話は会社というパブリックな場所でするものではなく、友人間などの私的領域においてなされるべきものである。

もう、太めの男には、逃げるという形で接するほかなかった。

企画会議の欠席

毎日毎日、太めの男が席にいない時間を見計らって、企画の提案メモを残し、帰る。帰宅の電車の中で市川市立図書館から借りた本を読み、妙典の駅で降りてサティに寄るのだけが息抜きになった。夕食用の惣菜やレトルト食品、そして翌日の朝食用のおにぎりや惣菜パンなどを買い、家に帰る。洗濯機を回し、寝る。

時々は『週刊金曜日』の女性編集者にも電話をした。近況を報告するつもりが、いつしか会社でいじめられている話になり、相談になってしまう。

ある土曜日、背広をクリーニングに出した。一部を直してもらう。電話があり、一日遅れる、という話だった。ここで背広がなくなると、着ていく服がない。

月曜日には、二十時からの企画会議があった。太めの男が言うには、これは「来られる奴はなるべく来い」というものだった。直した背広を取りにクリーニング店に行かないと困るので、会議に出るのは難しい、申し訳ないという話をした。

「それなら仕方がない、いいよ」

と太めの男が言った。

翌朝、会社に行くと、何人もの人から怒鳴られた。

「おい、なんで昨日の企画会議に来なかったんだ」

「会社の用事よりも私用を重視するとは社会人としての常識がない」

「会社の命令は、絶対なんだ」

何人もの人から言われた。昨日は、「いい」のではなかったのか。

反論は、しなかった。ボッコボコに、されるのがわかっていたからだ。

前日は、許してくれた。それをもって問題はないと思った。そして、それを後日になってひるがえすのは、罠にはめたようなもので、卑怯ではないか。

もし必ず会議に出なければならないのなら、それでもいい。しかし、そう説明するのが筋ではないか。

編集部長と副編集長二名、太めの男などが会議室に入るようにうながし、説教をした。

太めの男は、私が『週刊金曜日』に書いていたことを知って、同誌を買ってきて掲げ、私に怒鳴りつけた。

「おい、おまえが書いていた『週刊金曜日』という雑誌、どんなにくだらない、しょぼい雑誌かと思ったら立派な雑誌じゃねえか。おまえ、こんな雑誌に書いていて、いまのていたらくはなんなんだ。クズ、死ねよ」

何も言えないまま、話は続く。正確には、何も言わせないという感じだ。

「本多勝一というのは、日本の左翼の頭目なんだ。まあお前も左翼なんだろうけど、本多が編集委員をやっている立派な雑誌に書いていてこの程度の仕事しかできないというのはなんだ」

さらに副編集長が言った。

「我々はジャーナリストではなくて、新聞記者なんだよ。そこのところを、勘違いしないでほしい」

意味するところは、わからなかった。ただ、必要とあればヨイショ記事も書く、ゴロツキみたいなこともやる、業界の御用新聞であるということを、伝えたかったのだろうか。

隣の同僚は、先にやめた

昼休みを終えて、席に戻った。すると、隣の席の人から、改まった感じのメールが会社のメーリングリストに送られていた。

隣の席は、きれいに片付いていた。嫌な予感がしたので本文を見ると、退職のあいさつだった。やめる数日前に印刷された新聞に、老トラック運転手のルポ記事を書いていた。雪の高速道路を、職業的使命と安全を大切にして走る運転手を描いたそのルポは、書き手の優しさにあふれていた。

いいなあと思っていたら、すぐにやめてしまうなんて。会社に入って、社歴も短いのに。ほかの記者に比べ、誠実でいい人そうなのに。

自ら退職したのか、解雇通告を受けたのか、わからない。しかし、なぜやめるのか、不思議だった。

私には、することがない。仕事を誰も与えてくれない。社内に「何かありませんか」と聞いても、「過去の我が社の新聞と雑誌を読んで勉強しておけ。それ以外は何もするな。校正の赤字は入れるな。電話もでるな」と言われるだけだった。

のっぴきならない状況になってきた。事情を説明し、助けを求めるために『週刊金曜日』の女性編集者に相談のファックスと、速達を送った。もちろん、コンビニからだった。まだ、自宅の電話やネットは開通さえしていない。引っ越して一ヵ月も経っていない。

そんな中、追い詰められている。

しばらくして、女性編集者とは連絡が取れ、話をしてほっとした。

会社に行くと、誰かから「あれだけ言われたのになぜ反省して休まなかったのか。休んでいないということは、何も考えていない証拠だ」と言われる。もし休んだら、「すぐに来い」と怒鳴り散らされるのが目に見えるので、歯を食いしばって出てきたということがわからないのには、困った。

「作文を書いてもらおうか」

仕事帰りに、リクルートエージェントの私の担当だった人にも電話した。事情を説明し、ただ、聞いてもらった。

「いろいろお世話になって、さらにそちらのサービスを利用できないで申し訳ない。ただ、いまは苦しい。話を聞いてくれてありがとうございます」

そう、言うほかなかった。

翌朝、会社に行くと、縮刷版のタイトル打ち込み以外に仕事らしい仕事はない。それも、大半は終わっている。

夕方ごろ、編集部長が言う。

「この会社では、試用期間中は一ヵ月おきくらいに、会社に入ってどうだったか、何を学んだか、何を感じたかなどについて作文を書いてもらっている。まだ一ヵ月には満たないけど、ちょっと書いてもらおうか」

「いつまでですか」

「なるべく早くだ」

「さすがにきょうはこの精神状態では難しいです。あすに書いてもいいですか」

「『なるべく早く』だ」

「いまは厳しいのであした書きます。それでは本日は失礼します」

つらいので、無理やり帰った。

*

朝、出社してから作文を書いた。

作文：一ヵ月間働いて感じたこと　　小林拓矢

「このまま行くと解雇」と十八日に社長から宣告され、精神的に参っている。ここ数日心労がたたっていて、右の肩が痛く、首が回らない。食事もほとんどとることができず、お茶やコーヒーで生活している。甘いものをとって何とか脳の回転を維持しようとしているが、つらいことに変わりはない。

だが、十九日朝に会社に来ていいこともあった。十八日号に書いた「クールカーゴ　ＪＣＶに寄贈　太陽工業」という記事で、リリースを送ってくださった先方の担当者様から感謝のお返事をいただいた。書いたことで喜んでいただけたのはとてもありがたい。それで少し体調が良くなった。

多分、書く仕事の喜びはそこにあるのだと思う。書いたことで、人から評価され、承認されることだ。

ここ一ヵ月近く勤めている間、私は未熟さと、対人関係の苦手さを感じた。書けると思っていても、実際には書けない。内容上の問題、数字や表記など新聞紙面の書き方のルールの問題など、不慣れな私は戸惑っていた。バックナンバーを熟読し、しだいにわかるようになったものの、いまいち要領を得ることはできない。

その度に失敗を繰り返し、成長できない自分がいる。

何とかしようと思っているが、どうしていいかわからない。成長したくても、どう成長していいか見当がつかない。自分がどのように未熟であるかということについても、把握しきれていない。

また私はここで働くはるか以前から、対人関係能力の未熟さを感じていた。人と会う、というときは不安になり、対策を練っていた。

特にそりが合わない人がいる。パワハラ系の体育会気質の人だ。○○さんと最初に出会ったとき、後にこの人とはトラブルになるだろう、と直感していた。少なくともうまくはいかないとも思った。

予感は当たり、現在も○○さんと接する時は怒られる時しかなく、基本的にはうまくいっていない。○○さんとうまくいかないことに関して考え込み、家で吐いた。最近は会社に来ても吐き気がするようになり、心労で仕事がうまくいかないこともある。

未熟さと対人関係の難しさで、精神的に疲れ果て、毎日気持ちが悪い。

書くことはそれ自体が喜びで、仕事にできるということはとてもありがたいことだが、ここまでうまくいかないと、自分でも考え込んでしまう。

現実のところ、精神的に疲れ果て、このような文章を考えるのも大変になっている。その中で試用期間中の解雇の話が出ると、心労が極端になり、何も手につかなくなってしまう。

会社に来て生き生きとしている人がいる。そういう人がうらやましい。

＊

「○○さん」というのは「太めの男」である。多少のごまかしの部分はある。自分をよく見せようとした部分もある。謙虚さも装っている。しかし、体調を崩したり精神状態がぼろぼろになったりと、そのあたりは事実を書かざるを得なかった。そのときの状況で、「会社のみなさんはいい人で、とても仕事が充実しており、うまくいっています」とは書けなかった。

編集部長は言った。「もう、やめたいってことなんじゃない？」

私は答えなかった。

「じゃあ、社長に僕の方からこの作文を見せておくよ」と言われた。

ああ、これでやめられるのだ。針のむしろのような思いから、解放されるのだとほっとした。

上司は「宗教ジャーナリスト」になった

月曜日に会社に行き、離職票のことについてはオーケーだという結論を聞き、荷物をまとめて会社を去ることにした。東京本社のフロアで頭を下げ、「どうもありがとうございました」と言って帰った。退職することを同僚に伝えるメールは、出さなかった。

私が会社を去る際、太めの男は自分の野望が達成されたかのような、満面の笑みをたたえていた。この人物のことは忘れない一方、一生関わりたくない。

結局、実家に帰っていままで通りにフリーライターをやることにした。

社長は、私がやめて何年かたったあと、新しい人に替わった。

副編集長の一人は、のちに朝日新聞社に転職し、横浜総局から何かの事件の署名記事を書いていた。

太めの男は、しばらくして宗教の業界紙に移った。その後、「宗教ジャーナリスト」として独立し、『週刊朝日』に宗教団体と被災地支援について書いていた。

あれほど「会社員」としての意識を高く持つようにと言っていた、フリーをバカにしていた人がフリーになるとは、不思議だった。

しかもその上、太めの男がツイッターアカウントを開設しており、ブロックこそしているものの、公式リツイートで書き込みが流れてくるのを見るたびに、苦しくなってくる。

おわりに

ブラック企業での生活を終え、ライターとして生きるしかなかった。

その後も、地元や都会での仕事を探したものの、見つからなかった。

ただ、強調しておきたいことは、こういったことは氷河期世代以下の人たちにはありふれたことであり、また誰もが体験しうる、それこそ、読者のみなさまのまわりに普通にあってもおかしくないような話である。

試用期間での首切り、自主退職扱い、会社でのいじめ、セクハラ、パワハラ、モラハラ、長時間労働といったことは、いまの世の中にはあたりまえにある。

私がこの本で書いたようなことは、多くの人が経験しているにもかかわらず、そしてそれを誰もが知っているにもかかわらず、無視していることだ。それゆえ、改善の気配はない。

過去をふりかえると、新卒のときにもう少し就職活動でうまくふるまっておけばよかった。また、公務員を目指していてもよかっただろう。

私自身、両親が零細自営業者だったためか、会社員の世界というものがよくわからなかった。

しかもその上、両親とも高卒だったため、大卒ホワイトカラーにどうやってなるのか、ということも知らなかったのである。

社会一般でも就職活動の状況が厳しい中、就職のしかたもよくわからず、厳しい就職戦線に飛びこんでいったのは、あまりにも無謀だった。

両親はわけあって会社を閉じる（倒産ではなく、しっかりと会社の清算処理をした）中、そもそも世の中自体がどう動いているか、それこそ新卒一括採用・終身雇用のしくみもまったく知らないまま、就職先も決めずに卒業したというのは、無知ゆえのことだっただろう。

そして、後年わかったことだが、私が大学を卒業するころは戦後もっとも大卒者の就職率が悪い時代で、四割もの大学生に卒業しても仕事がなかったのである。

幸い、私自身はフリーライターとなった。それでも、食べていくには厳しく、三社目の会社をやめたあと、結婚するまで山梨県甲府市の実家で暮らしていた。

仕事や用事があるたびに中央高速バスに乗り、東京都内に出てきていた。


いまは、結婚にともない、東京都調布市で暮らしている。

妻も、ブラック企業で働いていた。そのトラウマに苦しんでいる。

会社ではいじめられ、長時間労働もあった。それゆえに、働くことの苦しさを私に訴えられ、困ることもある。

ネット恋愛で出会い遠隔地から引っ越し東京で結婚生活をすることになったため、妻は東京で仕事を探さなくてはならない。いったんは派遣で仕事が見つかったものの、精神的に苦しくなり、三日で倒れて、そのままやめた。

おそらく、前の会社と同じような仕事内容だったため、そのころのことを思い出し、苦しくなったのだろう。

働くことに苦しめられ、そのことにとらわれ、うまくいかない。友人知人にも、何人もいる。

ここ十年くらいの日本では、メンタルヘルスの環境が悪化している。反貧困の活動家・湯浅誠氏は自殺についての講演の中で、こう言っていた。

「日本の自殺原因の多くが、メンタルヘルスの問題によるものです。メンタルヘルスの悪化の理由は、労働環境の悪化にともなうものです」

それを聞いて、仕事が人を殺しているのではないか、と思ったものである。労働環境の悪化が、多くの人を自殺に追い込んでいるのではないか。自殺の問題は、労働問題ではないのか。

数年前に突然亡くなった友人は、無職だった。最初に勤めた会社でひどい目にあい、心身を壊して退職し、仕事を探していた。病に倒れ、薬をちょっと多めに飲んだため、朝が明けたら死んでいた。

もし、友人が無職ではなくいい環境の職場で働くことができていたら、死なかったのではないか。そんなことをいまでもよく考えている。

若い世代、あるいはもう若くはなくなってしまった氷河期世代に仕事がない、あったとしてもいい職場環境にないということは、確実に人々の心をむしばんでいる。

私自身も、会社をやめてしまったり首を切られたりした。しかし当時を振り返ってみると、あのまま無理して働いていたら精神的に破綻し、自殺していたのではないかと思うことがある。ライターとして低い収入に甘んじているものの、命だけはなんとかなっている。亡くなった友人のことを考えると、なんとかブラック企業から逃れたり、追い出されたりしただけよかったのかもしれない。

戦争でいうならば、体が悪いからという理由で徴兵検査に落とされ、「非国民」とののしられながらも生きていた、というところか。同じ徴兵検査で受かった人はアッツ島やガダルカナル島に行かされ、玉砕ということになっていたとでもいえようか。

ブラック企業に入って、完全に適合しなかったからこうして生きている、ともいえるのかもしれない。

何が幸いなのか、案外難しい。

二〇〇〇年代以降、「若者の雇用問題」「労働問題」は、現実には問題としてあり続けた。が、さほど問題にならなかった。前世紀から続く不況の中で、二〇〇〇年代前半は新卒の就職率が低く止《とど》まり続けていた。

その中で、「仕事が見つからない人はコミュニケーション能力がたりない、自己責任だ」と責められ続けた。だからといって、コミュニケーション能力の身につけ方が社会から提示されることもなければ、就労支援機関でやっているコミュニケーション能力育成プログラムを終えて、実際に相応のコミュニケーション能力が身についても、当時の若者に仕事はなかった。

二〇〇〇年代後半に入り、やや景気が上向き、新卒の就職率も改善した。しかし、いい会社は「新卒一括採用」でないと原則的に入れないという社会的慣習のあるこの国では、取り残された氷河期世代はブラック企業に甘んじ、そこで酷使されて疲弊するしかなかった。

「若者」の労働問題は、ようやく社会の問題となった。しかし、若者ではなくなってしまった人たちの労働問題は、問題とされないいまもなお存在している。

最近、「ヘイトスピーチ」が社会問題になっている。ヘイトスピーチを行っている主な団体の一つ、「在日特権を許さない市民の会」の元会長・桜井誠は、一九七二年生まれの初期氷河期世代である。職を転々とし、ネット上の政治活動家を経て、現実世界に登場した。

安田浩一『ネットと愛国』（講談社）では、そんな桜井誠の過去や、パーソナリティーが記されている。福岡の炭鉱地帯に生まれ、高卒で職を転々とした。小さなアパートでひとり、暮らしているという。

先進諸国では、排外主義が問題になっている。格差・社会的分断がその理由の主たるものである。日本も、その例にもれない。

私自身も、社会から分断された人間として、ヘイトスピーチを発する側に行っていたのではないかという考えを時々抱く。

インターネット上で排外主義の言説を発しているのは、一般に「若者」であるとし、その「若者」を難じる声は大きい。しかし、現実的には社会一般に広がっている。

不況の中、人々から承認の根拠である「労働」が奪われ、そのはけ口がインターネットでのヘイトスピーチに向かう。もし、この国にまともな労働環境があり、そこで人々が普通に生活しているのなら、こういう問題は起こらないだろう。

しっかりとした、よい働き場所が誰にでも保証され、安心して働くことができる社会。そんな社会をつくることが、この国では必要だ。人々を厳しい労働環境に追いやり、働くか、さもなくば死ぬかをつねにつきつけられるような社会では、私が味わったような苦しみを、だれもが今後ずっと体験しなくてはならないだろう。


現在の私は、フリーライターとしてほそぼそと暮らしている。

それでさえも運がよかったから続いていることであり、どうなるかという不安はつねに抱えている。

だが、文章を書く能力がなかったらと考えると、恐ろしくなる。

幸いにして、ライターの仕事をし、なんとか生きている。

結婚できたのも、私が書いた小谷野敦『童貞放浪記』(幻冬舎文庫)の解説をいまの妻が目にし、認識してくれたからだ。

いまの仕事をしているおかげで、結婚できた。

天職とは言わないまでも、そこそこの適職に出会えるだけで、人は幸せになれる。いまのところ生活は厳しいものの、なんとかなるのではと思っている。

その中で、多くの同世代、あるいはそれ以下の世代の人が環境に恵まれ、幸せになってほしいと祈っている。

日本は、社会で「仕事」「会社」の占めるウェイトが大きい。そのウェイトを軽くすることも必要だ。社会で生きる、社会で認められることが、仕事とワンパッケージになっている。

私自身は、フリーランスとして仕事のできる身だ。だが、そうではない人も大勢いる。そのためには、だれもがよりよい仕事ができるような社会にしないとならない。

せめて、そういった社会ができるよう発言できるようになりたい。

それこそが、私自身の存在意義である。

本書の完成にあたっては、講談社の担当編集者・石井克尚さんにお世話になりました。

そして、不安定な仕事であることを承知で結婚してくれた妻に、何よりも感謝します。

二〇一五年二月十三日

小林拓矢

著者略歴

小林拓矢 こばやし・たくや

一九七九年、山梨県甲府市生まれ。
早稲田大学教育学部社会科社会科学専修卒業。
大学卒業後、三つの企業勤務を経て、
現在はフリーライター。

＊本書は書き下ろしです。

早大《そうだい》を出《で》た僕《ぼく》が入《はい》った3つの企業《きぎょう》は、
すべてブラックでした

二〇一五年三月一三日　第一刷発行

著者　小林拓矢《こばやしたくや》

発行者　鈴木 哲

発行所　株式会社講談社
東京都文京区音羽二－一二－二一　郵便番号一一二－八〇〇一
電話〇三－五三九五－三五二一（出版部）
〇三－五三九五－三六二二（販売部）
〇三－五三九五－三六一五（業務部）

印刷所・製本所　大日本印刷株式会社

定価はカバーに表示してあります。

ISBN978-4-06-219435-8　N.D.C.916　214p　20cm